SALTO

In seinem neuen Buch hat Heinz Berggruen aufgeschrieben, was ihm so durch den weisen, lebens- und kunsterfahrenen Kopf geht:

Begegnungen mit Leonard Steckel, Baron Thyssen, Gianni Agnelli, Erich Kästner oder Hans Huffzky. Erlebnisse im Kunsthandel mit Bildern von Chagall, Klee, Picasso, Rivera oder Matisse. Die Beschreibung von bürgerlichen Träumen, die in der mütterlichen Ermahnung gipfeln: »Werde eine Leuchte!« Gedanken über Redensarten oder Worte wie »non« oder »eigentlich«. Anekdoten von schwimmenden Hüten oder erfundenen gemeinsamen Kindheiten im Sandkasten.

Entstanden ist ein vielfarbiges Mosaik aus fünfundzwanzig Miniaturen darüber, wie man Freunde gewinnt, sich an Ereignisse und Orte erinnert, Kunst und Künstler feiert.

Henri Matisse, *Blauer Akt. Seilspringerin*

Heinz Berggruen

Spielverderber, nicht alle

Betrachtungen

Verlag Klaus Wagenbach   Berlin

Die Umschlagabbildung zeigt Heinz Berggruen und Baron Thyssen
1988 vor einem Gemälde von Pierre Bonnard im
Genfer Kunstmuseum, aufgenommen von Helmut Newton.

INHALT

Mein Onkel Sally 7

Der liebe Herr Afshar 10

Die Leuchte 13

»Heute ist Ziehung!« 16

Hunger 18

»Schreibste mir, schreibste ihr …« 20

Tod in der Eisenbahn 23

Wo liegt Krotoschin? 25

Ein Hut schwimmt in Venedig 29

Der Spielverderber 31

Der Duzfreund 36

Paris Bar 41

Die zwei Kastanien 42

Eigentlich 43

Und jetzt das Wetter 46

»Non« 47

Agnelli, Klee und die Kuweiti 49

Geschichte eines Moralisten 52

Deutschland, Heine und Thomas Mann 55

Drei Zeichnungen von Diego Rivera 59

»Picassos Bilder – ziemlich schlampig gemalt!« 62

Die *Minotauromachie* 66

Schelte von Matisse 67

Herzog Pablo 70

Meine Wohngemeinschaft 73

MEIN ONKEL SALLY

Mein Onkel Sally hieß eigentlich Salomon, aber alle in der Familie nannten ihn Sally. Er war verheiratet mit Tante Paula, einer Schwester meiner Mutter, und sie lebten in Landsberg an der Warthe.

Onkel Sally, keineswegs ein Rheinländer, dennoch eine Frohnatur und somit gesellig und heiter, befaßte sich mit einer Art Getreidehandel – ich sage »einer Art Getreidehandel«, denn es war mir nie ganz klar, worin genau die Tätigkeit meines Onkels bestand. Nur eines war sicher: Er besaß auch einen Ausschank, schlicht gesagt eine Kneipe, die immer voll war mit Bauern aus der Umgebung und Menschen aus dem Städtchen, in dem er zu Hause war.

Onkel Sally stand oft hinter der Theke und bediente selbst. Er schien immer gutgelaunt, lachte viel und hatte eine heitere Beziehung zu seinen Gästen. Er machte gern seine Witzchen mit ihnen, und daß er sich dabei ständig wiederholte, schien niemanden zu stören. Vor allem wurden Schnäpse bestellt und besonders beliebt war ein Rum, der angeblich aus Jamaika kam. Wenn jemand einen Rum verlangte, sagte Onkel Sally beharrlich und mit verschmitztem Lächeln: »Vorne rum oder hinten rum?« und alle brachen in schallendes Gelächter aus – »Vorne rum oder hinten rum?«

Von Onkel Sallys Schulbildung wollen wir nicht sprechen, sie war eher prekär. Auch was in der großen Welt geschah, schien ihn nicht sonderlich zu beschäftigen. Als einmal – ich war gerade in Landsberg zu Besuch – jemand zu ihm sagte, das neue Theaterstück von Ernst Toller, »Hoppla, wir leben«, sei in Berlin ein Riesenerfolg, erwiderte er: »Ja, ja, ein toller Mann!« Er wußte gar nicht, worum es sich handelte und daß der große Dramatiker Ernst Toller aus Landsberg an der Warthe stammte.

Das freimütige Lächeln verging Onkel Sally, als die dreißiger Jahre anbrachen und die kleine Stadt, in der der Onkel mit seiner Paula so lange friedlich gelebt hatte, in einem Meer von Hakenkreuzfahnen zu versinken schien. Landsberg an der Warthe besaß ein öffentliches Schwimmbad, und Onkel Sally war ein regelmäßiger und fleißiger Besucher. Er gehörte, und darauf war er stolz, zu den besten Schwimmern des Ortes. Viele Jahre später erzählte er uns in New York in allen Einzelheiten, was an einem besonders heißen Sommertag im Jahre 1934 passiert war.

Weil es ein so sehr heißer Tag war, mußte das Schwimmbad stundenweise geschlossen werden. Er natürlich, als treuer Stammkunde, wurde eingelassen. Wie gewohnt, schwamm er seine üblichen Runden, erst Brust, dann Rücken – Crawl kannte man in Landsberg an der Warthe damals noch nicht. Plötzlich war er ganz allein im Wasser, mutterseelenallein, wie er sagte. Er verstand nicht, was geschehen war, aber die Erklärung kam rasch. Hunderte von Menschen, darunter viele Kinder, standen dicht gedrängt um das Becken, und nach einer beängstigenden Stille grölte ein Mann mit einer Hakenkreuzbinde über dem braunen Hemd überlaut in einen Trichter: »Der Jude Rosenkranz verseucht uns das Wasser. Keiner soll rein. Der Jude Rosenkranz verseucht uns das Wasser.«

Dem Onkel Sally, sagte er, brach das Herz, ihm kamen die Tränen. Mit schlappen Bewegungen schwamm er an den Rand des Beckens, stieg aus, zog

sich an und verließ mit eingezogenem Kopf die Bade-
anstalt. Es war sein letzter Besuch dort, wo er sich
unbeschwert und froh viele Jahre lang getummelt hatte. Der Ausschank wurde geschlossen. Was mit dem
Getreidehandel geschah, weiß ich nicht. Jedenfalls
emigrierten Onkel Sally und Tante Paula einige
Monate später nach Amerika, und ein neues Leben
begann. Aber New York war nicht Landsberg an der
Warthe. »Vorne rum oder hinten rum?« wollte niemand verstehen.

Als er dazu berechtigt war, stellte Onkel Sally, wie
die meisten Einwanderer, einen Antrag, um die amerikanische Staatsbürgerschaft zu erlangen. Den
Bestimmungen entsprechend mußte man sich routi-
nemäßig einem offiziellen, wenn auch recht beschei-
denen Examen unterziehen. Es wurde erwartet, daß
die Antragsteller minimale Kenntnisse aufwiesen, was
Sprache, Geographie und Geschichte der USA, ihrer
neuen Wunschheimat, anbelangte.

Als Onkel Sally zur Prüfung aufgerufen und vom
Richter befragt wurde, wer der erste Präsident der
Vereinigten Staaten war, blieb er lange stumm. Plötz-
lich aber, als hätte er den Elan seiner Landsberger
Ausschankzeit wiedergefunden, riß er die Arme in
die Höhe und schrie jubelnd: »*I love America, Your
Honor!*«

Der Hammer fiel zur Urteilsverkündung. »US-
Nationalität gewährt, Mr. Rosenkranz«, sagte der
Richter.

Onkel Sally war Amerikaner.

DER LIEBE HERR AFSHAR

Vor dem Krieg wohnten wir im Berliner Westen in einem gutbürgerlichen Haus, das dann im Krieg total zerstört und später von einem scheußlichen Plattenbau ersetzt wurde. Unsere Wohnung im ersten Stock bestand aus einer Diele, einer Art Berliner Zimmer, einem Flur, der zur linken Seite auf die Küche, das Badezimmer und eine trostlos fensterlose Kammer führte, in dem Mariechen, unser pommersches »Mädchen« untergebracht war. Am Ende des Flurs lag das Schlafzimmer meiner Eltern, daneben, auf der anderen Seite vom Korridor, war mein eigenes Schlafzimmer, dann kam das Eßzimmer, ein großer Salon und schließlich das sogenannte Herrenzimmer.

In jener Zeit war es üblich, einen Teil der Wohnung oder zumindest ein Zimmer unterzuvermieten. Meine Eltern hatten mit ihrem Schreibwarengeschäft ein gutes Einkommen, aber das Herrenzimmer, mit seiner schweren Bibliothek aus dunkler Eiche, stand eigentlich immer leer, und so wurde es geradezu als Verschwendung angesehen, es dabei zu belassen. Ein Untermieter sollte her.

Ich selber, ein Junge von dreizehn oder vierzehn Jahren, war damals schon ganz anderer Ansicht. Wieso die Intimität einer Privatsphäre und einer Familieneinheit zerstören, indem man einen wildfremden Menschen unterbringt? Das gefiel mir gar nicht, ich empfand es als kleinlich und geradezu unwürdig, sich auf so etwas einzulassen. Schon das Wort Untermieter mißfiel mir.

Der Plan meiner Eltern wurde durchgesetzt und plötzlich, zu meinem Kummer, stand ein fremder Mann im Eingang, mit dem wir fortan unser Heim oder jedenfalls einen gewissen Teil davon, teilen sollten. Ich war unglücklich. Ich dachte darüber nach, wie ich etwas unternehmen könnte, damit der Fremde wieder verschwinde. Zum Beispiel die Wanne im Badezimmer überlaufen zu lassen und dann den Untermieter zu beschuldigen, daß er an der Überschwemmung schuld sei. Oder schlimmer noch, etwas verschwinden zu lassen, wie zum Beispiel eines der scheußlichen Chromobilder im Salon, und dann zu behaupten, der Fremde hätte das Bild gestohlen. Ich war voller Unruhe und verzweifelt. Die Wohnung war *unser* Bereich, und niemand von außen sollte daran teilhaben, das war mein Standpunkt.

Inzwischen traf ich den neuen Mieter mehrmals im Eingang oder auf dem Flur. »Ich heiße Afshar«, sagte er mit sanfter Stimme, als wir uns das erste Mal begegneten, »und freue mich, bei Ihnen wohnen zu können. Ich komme aus Persien und studiere hier an der Friedrich-Wilhelms-Universität.« So hieß die Humboldt-Universität in Berlins Unter den Linden damals.

Mir gefiel seine melodische Stimme und die Art, wie er sich ausdrückte. Wann immer ich ihn traf, und das geschah fast jeden Tag, war er von ausgesuchter Höflichkeit. Es kam der Augenblick, wo ich mir nicht mehr verzieh, den Wunsch gehabt zu haben, ihn auf tückische Weise loszuwerden. Herr Afshar, ja so war es schon, wurde eine Art Freund. Er war in meiner Vorstellung kein Untermieter mehr, kein Fremder, er war für mich zu einem angenehmen Gast aus einem fernen Land geworden.

Gelegentlich sagte er: »Heute nachmittag kommt eine Kommilitonin, mit der ich arbeiten muß. Wir werden uns erst morgen wieder sehen.«

Beim Abendessen bemerkte meine Mutter in ihrer energischen, etwas strengen Art: »Herr Afshar hat schon wieder Besuch.« Mein Vater, von eher toleranter Natur, erwiderte: »Warum nicht? Er ist doch in seinem Zimmer zu Hause.« Ich nahm die Partei meines Vaters, aber ich wagte nicht, etwas zu sagen.

Neugierig war ich dennoch. Vom Balkon sah ich, daß die Vorhänge des Herrenzimmers zugezogen waren, obwohl es noch nicht dunkel war. Ich betrat den Salon und legte mein Ohr vorsichtig an die Tür seines Zimmers. Es war ganz still. Auf Fußspitzen verließ ich den Salon, beschämt. Herr Afshar war mein Freund, und was im Herrenzimmer geschah, war schließlich seine Sache.

Nach zwei Jahren verließ uns der Perser, um in die Heimat zurückzukehren, die damals noch nicht Iran hieß. In seiner angenehmen und liebenswerten Art war er für mich längst ein Teil der Familie. Was mag aus ihm geworden sein? Ob er sein Land verließ, als die düsteren Mullahs die Herrschaft übernahmen? Ich denke gern an Herrn Afshar zurück. Er ließ nie die Badewanne überlaufen, und die Chromoreproduktionen im Salon rührte er auch nie an. Er war ein Lieber.

DIE LEUCHTE

1936. Ich war zweiundzwanzig Jahre alt. Für die »Frankfurter Zeitung«, der Vorgängerin der F. A. Z., hatte ich ein paar Glossen geschrieben. Jetzt wartete ich auf ein Studentenvisum für die Vereinigten Staaten. In Berlin gab es damals eine Wochenzeitschrift, eine Art Refugium für »nicht-arische« Journalisten, die, so wie ich selbst, in der deutschen Presse nicht mehr erwünscht waren. Dieses Refugium hieß diskret – nur kein Aufsehen erregen, nur nicht provozieren! – »C.V.-Zeitung«, was die Abkürzung war von »Zeitschrift des Centralvereins deutscher Staatsbürger jüdischen Glaubens«.

Auch ich fand in der »C.V.-Zeitung« Unterschlupf, während ich auf meine Ausreisepapiere nach Amerika wartete. In der Staatsbibliothek in Berlin befinden sich übrigens, säuberlich geordnet und sorgfältig registriert, alle Jahrgänge der über siebzig Jahre alten Wochenschrift, mit vielen Aufsätzen, die ich damals schrieb. Ich schrieb Nachrufe und Buchrezensionen, ich schrieb über die Juden in Alexandrien, über Emanzipationskämpfe nach 1812, ich schrieb über Aufführungen von Molière in der Berliner jüdischen Jugendbühne und auch über Brasilien als »Land der Möglichkeiten«. Ich war sehr fleißig. Einer meiner Beiträge, der besondere Aufmerksamkeit erregte, hieß »Die Leuchte«.

Ein Klassenkamerad von mir war dabei, nach Südafrika auszuwandern. Ein Onkel, der in Johannesburg lebte, hatte ihm die notwendigen Papiere zur Emigration geschickt. Als mein Freund abreiste, versammelten sich die Angehörigen, Eltern, Geschwister, auch eine Großmutter, alle auf dem Anhalter Bahnhof, um von dem Jungen Abschied zu nehmen. Auch ich war dabei. Joachim hatte eine lange Reise vor sich. Erst mit der Bahn nach Genua, danach zu Schiff an die äußerste Spitze des dunklen afrikanischen Kontinents.

Es gab eine rührende Abschiedsszene auf dem Bahnhof mit vielen überschwenglichen Umarmungen und vielen Tränen. Als der Zug nach Genua sich stotternd und schnaufend in Bewegung setzte, rannten die Verwandten ihm auf dem Bahnsteig nach, soweit man konnte, viele Taschentücher wurden geschwenkt. »Bleib gesund, mein Junge«, rief der Vater, während die Bahn entschwand, »bleib gesund«, doch die Mutter übertönte ihren Mann und schrie: »Joachim, mein gutes Kind, werde eine Leuchte!«

Werde eine Leuchte! Ja, das war das große Stichwort. In den, wie man seinerzeit sagte, »gut situierten« bürgerlich-jüdischen Familien wurde von den Eltern immer erwartet, daß die Kinder etwas »Besonderes« werden, entweder Ärzte oder Anwälte oder Professoren, in jedem Fall Akademiker, Leuchten. Kaufleute waren sie selbst, die Kinder müßten »höher« hinaus. Das war bei Joachim so und auch in meiner Familie. »*Was* willst du werden, Journalist?« sagte meine Mutter. »Das ist nichts Rechtes.« Und nach einer Pause: »Es sei denn, du wirst Chefredakteur oder Herausgeber oder beides.«

Meine Mutter war fest überzeugt, daß ich vorbestimmt war, auch eine Leuchte zu werden, und das hat sie ihr ganzes Leben beflügelt. Sie war eine erstaunlich energische und resolute Person. Wenn sie eine Entscheidung traf, sagte sie jeweils am Ende einer Diskussion: »So, jetzt wird nicht länger gefackelt.« Wahrscheinlich hatte sie auch zu mir mehrmals gesagt: »Heinzchen, ich erwarte, daß du eine Leuchte wirst.« Sie war von apodiktischer Strenge.

Die Glosse, die ich damals für die »C.V.-Zeitung« schrieb und die so viel Furore machte, hieß »Die Leuchte«. Ich glaube, sie hat meiner Mutter sehr gefallen.

»HEUTE IST ZIEHUNG!«

In den frühen zwanziger Jahren, als meine Schulzeit begann, war Koedukation praktisch noch tabu. Ich besuchte eine Schule in Berlin-Wilmersdorf, die etwas pompös und schwerfällig Goethe-Reform-Real-Gymnasium hieß – der gute Goethe hätte sicher den Kopf geschüttelt –, ein paar hundert Meter entfernt gingen die Mädchen ins Hohenzollern-Lyzeum.

Unser inoffizieller Treffpunkt war die Eisdiele eines Herrn Balsam am Olivaer Platz. Wir vergnügten uns dort in so harmloser Weise, daß man sich im Nachhinein fragt, wie nur wenige Jahre später aus all diesen braven Kindern der Eisdiele die strammen Jungen und Mädchen wurden, die nicht rasch genug mit martialischem, sogenanntem deutschen Gruß ihrem Führer zujubeln sollten.

Es war in der Tat eine sehr harmlose Zeit. Die Mädchen trugen Schleifen im Haar, das war damals sehr in Mode, wir Jungen zupften ihnen mit energischem Handgriff die Schleifchen aus den Locken, und wenn wir dann verwundert und verärgert angeschaut wurden, sagten wir nur hoheitsvoll: »Heute ist Ziehung!« und lachten uns schief und krumm.

Es kam vor, daß das eine oder andere Mädchen nicht recht wußte, was wir meinten. Dann gaben wir kurz die Erklärung: »Wir sind von der Klassenlotterie«, und wups, rissen wir wieder eine Schleife aus dem Haar eines Mädchens.

Später, mit steigender Pubertät, kamen wir auf kühnere Spiele. Es war die Zeit, als ich, sechzehnjährig,

...len brillanten österreichischen Philosophen und Kulturhistoriker Egon Friedell entdeckte. Seine dreibändige »Kulturgeschichte der Neuzeit« wurde, wie Spenglers »Untergang des Abendlandes«, ein berühmtes Standardwerk und ist es heute noch.

Für einen relativ jüngeren Menschen war Friedell ein ungewöhnlich beleibter Herr. Mir wurde berichtet, daß er einmal bemerkt haben sollte: »Wie ich gerade aus den Gazetten erfuhr, sollen die Amerikaner in ihrer Hemmungslosigkeit jetzt sogar schon im Auto Liebe machen, und das nennt man drüben *necking-parties.*« Und nach einer Weile hätte er hinzugefügt: »Einmalig, diese Amerikaner! Wo's doch schon im Bett so unbequem ist!«

Die Tage der Ziehung waren vorbei – Schleifchen ade.

HUNGER

Ich war etwa sechzehn Jahre alt, als ich mit meiner Mutter von Berlin, wo wir lebten, nach Juan-les-Pin fuhr. Juan-les-Pins war damals ein charmanter kleiner Badeort, ein paar Kilometer von Cannes in Richtung Nizza gelegen, doch im Gegensatz zu Cannes, das damals schon überlaufen war, sehr viel stiller, bescheidener und auch wesentlich billiger. Wir wohnten in einer freundlichen Pension in der Nähe vom Strand, die von weißrussischen Emigranten geführt wurde.

Unter den Pensionsgästen, die man bei den Mahlzeiten traf, fiel mir sehr rasch ein junges attraktives Mädchen auf, eine Norwegerin, wie man mir sagte. Wir wurden schnell bekannt. Ihr Vater sei Schriftsteller, erzählte sie mir, er schriebe Romane. Er hieße Hamsun. Hamsun? Knut Hamsun, der berühmte Nobelpreisträger? Ja, das sei er. Aber sie wäre nur ganz »privat«, also anonym, in Juan-les-Pins, und das sollte ich bitte respektieren.

Hamsun war der Autor von »Hunger«, einem Buch, das, wie die Romane von Hermann Hesse, ein weltweiter Bestseller wurde. Für mich war die Begegnung mit der Hamsun-Tochter ein aufregendes Treffen. Ich, der ich als Unterprimaner (Wahlfach: europäische Literatur!) literarische Ambitionen hatte, war von dem Gefühl durchdrungen, durch eine glückliche Zufallsbekanntschaft dem Reich der Bücher ganz stark näher gerückt zu sein. (Daß Hamsun sich später als Nazi bekannte und als Quisling verurteilt wurde, konnte damals niemand ahnen.)

Meine Begegnung mit Fräulein Hamsun empfand ich als einen verheißungsvollen Einstieg in die literarische Welt. Kaum nach Berlin zurückgekehrt, besorge ich mir eine deutsche Ausgabe von »Hunger«. Ich hatte mit der jungen Norwegerin verabredet, ihr das Buch zu schicken, damit ihr Vater eine Widmung hineinschreiben könnte. Das geschah dann auch, und ich war überglücklich.

Fragen Sie mich bitte nicht, was mit dem Buch geschehen ist. Inzwischen war ich viele Jahre in Amerika und viele Jahre in Frankreich und irgendwo, irgendwann, *hélas*, ist der signierte Roman verschütt gegangen. Aber der Hunger nach Büchern hat sich seit jenen Tagen nie gelegt.

»SCHREIBSTE MIR, SCHREIBSTE IHR ...«

Meine Eltern hatten ein Schreibwarengeschäft in der Konstanzer Straße im Berliner Westen. Meine Mutter saß an der Kasse, und mein Vater, der mit Vornamen Ludwig hieß und den ich Ludwig van Berggruen nannte, was ich komisch fand, kümmerte sich um die Kundschaft. Er liebte es zu bedienen und freute sich über jedes gelungene Geschäft. Mein Vater war gutartig und tolerant, und nur manchmal verlor er die Geduld. Wenn er einen besonders schwierigen Kunden hatte, der ihn lange aufhielt und dem zum Schluß nichts recht war, da konnte es geschehen, daß er zwar den Kunden freundlich bis zur Ausgangstür begleitete und sich herzlich für seinen Besuch bedankte, dann aber, während der Kunde die Stufen zur Straße hinabstieg, ihm auf jiddisch nachrief: »Brech a Fisz!« Bei besonderen Gelegenheiten, wie zum Beispiel vor Weihnachten, durfte ich im Laden helfen. Meine Mutter sagte dann: »Heute darfst du ausnahmsweise mitverkaufen. Aber die besonderen Kunden mußt du dem Papi überlassen.«

Mein Vater liebte sein Geschäft, als hätte er den Beruf des Schreibwarenhändlers erfunden, so wie Thomas Edison die Glühbirne. Ab acht Uhr morgens stand er schon im Laden und wartete auf die ersten Kunden, während er alles schön für den Verkauf ordnete, Bleistifte, Ansichtskarten, Umschläge, Radiergummi, Kalender, Notizbücher und was man sonst alles in einem gut assortierten Schreibwarengeschäft erwartet. Eine besondere Genugtuung war es für ihn,

ls ihm für unseren Kiez die Generalvertretung des
neu geschaffenen Montblanc-Unternehmens übertragen wurde. Es war, als wenn man ihm einen Orden
überreicht hätte. Zu meiner Bar-Mizwa, der jüdischen
Jugendweihe, schenkte er mir einen Füllfederhalter
der großen Firma, die er nun vertrat. »Merke dir,
mein Junge,« sagte er väterlich, »Füllfederhalter soll
man nie verleihen, sowenig wie Zahnbürsten.«

Was meinen Vater in seiner Tätigkeit am meisten
beschäftigte, waren die diversen Schreibpapiere, die er
im Sortiment hatte. Es war die fernsehlose Stumm-
filmzeit, in der es noch kein Fax, kein Internet, keine
E-Mail und nicht einmal das Handy gab und viele
Menschen Freude daran hatten, auf recht schönem
Papier, möglichst handgeschöpftem Bütten, zu korre-
spondieren. Zu jener Zeit – vielleicht existiert die
Firma heute noch – gab es einen renommierten
Papierfabrikanten, der Max Krause hieß und dessen
Angebot an Papieren zum Edelsten zählte. Seine
Devise hieß, wunderbar berlinisch:

Schreibste mir, schreibste ihr,
schreibste auf M. K.-Papier.

Es waren wirklich allerfeinste Papiere, wenn auch
manchmal sehr nahe am Rande des Kitsches. Es gab
veilchenblaue Bogen, smaragdgrüne, rosafarbene, so
zart wie ein Babypopo, aber die elegantesten, vor-
nehmsten waren blütenweiß, schlicht und von großer
Reinheit. Die Umschläge hatten selbstverständlich
den gleichen Farbton wie die Briefbogen, waren mit
Seidenpapier gefüttert und das Ganze präsentierte
sich in eleganten Verpackungen, wie kostbares Kon-
fekt. Die Aufmachung allein schon, wie auch ihr

Inhalt, war eine Einladung, mehr noch: eine Inspiration, sich beim Schreiben angeregt und beschwingt zu geben, wie wenn man zum Ausdruck bringen wollte daß man sich mit dem, was man schrieb – möglichst natürlich mit einem Montblanc –, ganz dem papierenen Kleid anpaßte, das als Unterlage diente. Später dann, in den zwanziger Jahren, kam bei Ullstein von einer Autorin, die Dinah Nelken hieß, ein Buch heraus, das sehr schnell ein Verkaufsschlager wurde – das Wort Bestseller gab es damals noch nicht. Das Buch, das »Ich an Dich« hieß, war eine Folge von Briefen, vielleicht vom Motto des Max-Krause-Papiers inspiriert.

Die Frage stellt sich: Können Menschen heute überhaupt noch mit der Hand schreiben?

»Schreibste mir, schreibste ihr ...«: Zur Zeit von Fontane, der, wie man weiß, wunderbare Briefe schrieb, gab es das Motto noch nicht. Und heute auch nicht.

Schade.

TOD IN DER EISENBAHN

Weltweit meinen die Ärzte, man müßte viel Wasser trinken, zumindest zwei Liter am Tage, wenn man seine Lebenserwartung steigern möchte. Wahrscheinlich haben die Ärzte recht, ich weiß es nicht. Jedenfalls habe ich nie von einem Menschen gehört, der zu früh gestorben ist, weil er zu viel Wasser getrunken hat.

A propos Lebenserwartung: Der große Mark Twain war der Ansicht, man sollte sehr viel Eisenbahn fahren, wenn man länger leben wollte, denn in den Zügen, so meinte Mark Twain, sterben die Leute eigentlich nie. Hatte er recht? Immerhin gibt es Ausnahmen. Ich denke an Leonard Steckel, einen guten Bekannten, der in den fünfziger Jahren des letzten Jahrhunderts der Intendant der Berliner Volksbühne war und danach, vor allem in München, als Schauspieler und Regisseur prominent wurde. Alle Freunde, auch Hermi, seine gescheite und liebenswerte Frau, nannten ihn Stecki.

Stecki hatte einen Fehler, wenn man das als Fehler betrachtet: Er aß leidenschaftlich gern und viel. »Ich bin Gourmand und Gourmet in einem«, sagte er stolz und trotzig, wenn man seine Passion kritisierte, und daß sein Körpervolumen immer bedeutender wurde, schien ihn nicht im geringsten zu stören. Seine Frau dagegen war besorgt. »Es geht ja um deine Gesundheit«, sagte Hermi, »und nicht nur ich, auch das Publikum braucht dich noch viele Jahre.«

Irgendwann im Frühjahr 1971 fuhr Stecki mit seiner Schauspielgruppe von München nach Zürich zu einer Vorstellung im dortigen Schauspielhaus. Sie fuhren mit dem Zug – Grüß Gott, Mark Twain! – und Hermi brachte ihn zum Bahnhof.

»Bitte versprich mir«, sagte sie beim Abschied, »daß du dich nicht von den Kollegen verführen läßt, in der Bahn zu essen. Du hast gut und kräftig gefrühstückt und in Zürich werdet ihr bestimmt nach der Vorstellung mit einer üppigen Mahlzeit verwöhnt werden. Ich flehe dich an, sei vernünftig.«

Stecki versprach hoch und heilig, brav zu sein, und das war er dann auch. Als um die Mittagszeit ein Kellner mit der Klingel durch die Abteile ging, sprangen die Schauspieler auf und begaben sich in den Speisewagen – vielleicht würde man gut essen, vielleicht auch nicht, in jedem Fall wäre es eine Abwechslung. Stecki blieb im Abteil sitzen, traurig vor sich hinstarrend.

»Komm«, sagten die Kollegen, »sei kein Hasenfuß.«

Stecki rührte sich nicht. »Ich bin kein Hasenfuß«, seufzte er, »aber ich habe Hermi versprochen, vernünftig zu sein. Geht bitte, drängt mich nicht.« Und dann fügte er leise hinzu: »Ihr könnt mir ja ein Stück Kuchen mitbringen, wenn ihr zurückkommt.«

Zwanzig Minuten später, man hatte gerade die deutsch-schweizerische Grenze passiert, geschah dann das, was der gute Mark Twain anscheinend nie recht bedacht hatte: ein gewaltiger Zusammenstoß mit einem anderen Zug, mit all den tragischen Folgen, über die man dann ausführlich in den Gazetten las. Der Speisewagen, in dem Steckis Freunde tafelten, blieb unversehrt, aber das Abteil, in dem, artig und allein, der Stecki saß, war total zerschmettert, und Stecki war tot.

WO LIEGT KROTOSCHIN?

In einem der bürgerlich-komfortablen größeren Hotels am linken Ufer der Seine in Paris, dem Montalembert, wohnte vor vielen Jahren eine sympathische Dame mittleren Alters, Frau Hönigsberg (nicht Königsberg), die sich mit großer Energie und ungewöhnlicher Vitalität der Vermittlung von modernen Bildern, vor allem aus der so genannten »Pariser Schule« wie Pascin, Soutine und Utrillo, widmete.

Die bemerkenswert polyglotte Frau H. – wo kam sie eigentlich her? – war bekannt für die Partys, die sie großzügig und unermüdlich, immer von einem Hauch mitteleuropäischer Wehmut durchweht, in den Salons ihres Hotels veranstaltete. Es waren keine »rauschenden Feste«, dazu reichte ihr Budget nicht aus, und der Champagner floß auch nicht in Strömen, aber es waren eindeutig Veranstaltungen, die einen sympathisch-kosmopolitischen Charakter hatten und sich in ihrer Spontaneität und Lebendigkeit oft erfolgreich bis in die frühen Morgenstunden hinzogen.

Mir bleibt eine Party in Erinnerung, die die rührige Frau H. für den amerikanischen Filmregisseur Jules Dassin organisierte, den Mann der großen griechischen Schauspielerin und späteren Kulturministerin Melina Mercouri. Dassin feierte damals Triumphe mit einem Film, für den in Deutschland wie überall in der Welt die Menschen Schlange standen: »Sonntags nie!«.

Die temperamentvolle Frau H., in der Pariser Kunstszene für ihren Charme, aber auch für ihre totale Hemmungslosigkeit bekannt, fand einen Weg, Jules Dassin zu kontaktieren und zu überzeugen, an einem Fest teilzunehmen, das sie ihm zu Ehren in ihrem Hotel Montalembert zu arrangieren plante. Sie beteuerte ihm, *le tout Paris*, also praktisch alles, was in der Pariser Kunstwelt Rang und Namen hatte, würde dabei sein, glücklich und geehrt, dem großen Leinwandkünstler zu begegnen.

Dassin, wie konnte er widerstehen, sagte zu, und das Fest fand statt. Frau H. hatte schnell und dynamisch riesige Banderolen herstellen lassen, die auf den vier Wänden des Prunksaals, in dem die Party stattfand, »*Jamais le dimanche!*« verkündeten, und ein original griechisches Orchester, dessen Bandleader wie ein Klon von Anthony Quinn aussah, animierte die Gäste mit ohrenbetäubendem Lärm zu endloser Tanzgymnastik.

Ich war an dem Abend ungefähr der einzige, der Dassin von einer früheren Begegnung her kannte. Er wirkte eher zurückhaltend und schüchtern. Aber unsere Gastgeberin nahm sich rasch seiner an und zwar wörtlich, ich meine körperlich, indem Sie ihre Arme um ihn legte, ihn aufs Parkett zerrte und in eine intensive Übung zu den Rhythmen des falschen Mr. Quinn verwickelte. Der Dialog, der sich dabei zwischen den beiden entspann, wurde mir später von Dassin mit ironischem Lächeln wiedergegeben.

»Ich habe das seltsame Gefühl«, sagte Frau H., »daß wir uns von früher kennen. Ihr Gesicht ist mir unheimlich vertraut, so, als seien wir uralte Freunde. Geht es Ihnen genauso?«

»Gewiß«, erwiderte Dassin, »gewiß kennen wir uns von früher, keine Frage.«

»Aber von wo bloß, ich zerbreche mir unentwegt den Kopf.«

»Ich auch.«

Schweigen. Die falsche Anthony-Quinn-Band stoppte, dann setzte sie zu neuem Toben an.

»Kommen Sie, noch ein Tänzchen, Jules«, sagte Frau H. Sie nannte ihn jetzt bei seinem Vornamen.

»Noch ein Tanz, gern.«

Frau H.: »Das ganze geht mir einfach nicht aus dem Sinn. Woher kennen wir uns nur, woher nur?«

Und plötzlich, aufgeregt und strahlend, fügte sie hinzu: »Jules, jetzt fällt es mir wie Schuppen von den Augen, wir kennen uns aus unserer Jugend, sogar aus unserer frühen Kindheit, wir kennen uns, ganz klar, von da, wo wir beheimatet sind, aus Krotoschin!«

»Woher?«

»Aus Krotoschin!«

»Ach natürlich, aus Krotoschin, ganz richtig.«

»Wie herrlich«, sagte Frau Hönigsberg, jetzt wissen wir es endlich, »wir haben bestimmt als Kinder im Sandkasten zusammen gespielt und du, Jules«, – überschwenglich ging sie vom steifen »Sie« aufs vertrauliche »Du« über – »und du, Jules, warst immer so bescheiden und diskret, und gerade dafür habe ich dich damals schon so bewundert. Jules, das waren doch herrliche Jahre, die wir damals in Krotoschin zusammen verbrachten.«

»Natürlich erinnere ich mich, wir haben wunderbar zusammen gespielt.«

»Ach Jules, ich kann dir gar nicht sagen, wie glücklich ich bin, welch wunderbarer, verrückter Zufall bringt uns plötzlich nach all den Jahren wieder zusammen! Hatten wir nicht die schönste Kindheit? Alles war so harmonisch und in Unschuld gebettet, wir hatten ein Traumleben, das du, der große Filmschöpfer, einmal auf der Leinwand wiedererwecken solltest. Vielleicht kann ich dir dabei helfen, ich erin-

nere mich an so viel Gemeinsames, das mir unvergeß-
lich ist. Laß mich zu meinen Freunden gehen, Jules,
ich möchte ihnen kurz von unserer Begegnung berichten und bin gleich wieder da.«

Und Frau H. verschwand in der tanzenden Menge.

Dassin, sich den Schweiß von der Stirn wischend,
kam auf mich zu. »Heinz«, sagte er recht verstört und
dabei mit schelmisch blitzenden Augen, »ich habe
eine Frage: Wo liegt Krotoschin?«

EIN HUT SCHWIMMT IN VENEDIG

Jedes Jahr erlebt man die gleiche sympathische Überraschung: In dem feudalen, olympiagroßen Schwimmbad auf der Giudecca – der einzigen offenen Piscine in Venedig – segelt ein breitrandiger Hut durch die blauen Fluten, und wenn man näher hinschaut, entdeckt man darunter den amerikanischen Botschafter a. D., der seit Jahren die Lagunenstadt mit seinem Besuch beehrt.

Der Exbotschafter – purer Mayflower-Adel – ist das ganze Jahr über in Komitees und Gremien der amerikanischen Bundeshauptstadt überbeschäftigt, und nach Italien kommt er, um auszuspannen. Er ist alles andere als exzentrisch, eher *low-key*, zurückhaltend, wie man es erwarten darf. Aufzufallen ist nicht seine Sache, warum also das tägliche Bad mit Kopfbedeckung? Angst vor zu viel Sonne? Kaum anzunehmen. Auch wenn der Himmel bewölkt ist, bleibt unser Botschafter auf der Hut, genauer unter dem Hut, mit der Beharrlichkeit, mit der manche Engländer eine Nelke im Knopfloch tragen.

Würde er einmal hutlos in die Wogen steigen, käme das einer kleinen Revolution gleich. Was wäre passiert? Hätte der distinguierte Gast seine Gewohnheit abgelegt, die doch alle zu würdigen wußten? Würde er sich in Zukunft durch eine andere Besonderheit auszeichnen, um sich bemerkbar zu machen? Aber er will ja gar nicht auffallen, das ist nicht sein Stil. So wird er vermutlich bei seinem Markenzeichen bleiben, dem sandfarbenen, breitrandigen Panamahut, der vornehm durchs Wasser gleitet und allen die frohe Gewißheit verschafft, an einem Ort zu sein, dem die Präsenz einer bedächtig hin und her schwimmenden Kopfbedeckung eine besondere, aristokratische Note verleiht.

DER SPIELVERDERBER

Ende der vierziger Jahre des letzten Jahrhunderts erwarb ich von einem Schweizer Freund, dem Verleger Louis Broder, dessen Pariser Büroräume in der Rue de l' Université. Besonders glücklich war ich darüber, daß er mir den herrlichen Leuchter überließ, den Alberto Giacometti eigens für ihn geschaffen hatte.

In meiner neuen Tätigkeit als Galeriebesitzer – ich weigere mich hartnäckig, den nach Drogerie und Drogist klingenden Neologismus Galerist zu gebrauchen – war ich anfangs auf Originalgraphik spezialisiert, also auf Lithographien, Radierungen und Linolschnitte von prominenten Künstlern wie Picasso und Braque, Miro und Chagall, aber auch von jüngeren wie Hartung, Soulages oder auch Horst Janssen. Der schlimme große Krieg war vorbei, und die Amerikaner strömten in Massen auf den Alten Kontinent – so schien es mir jedenfalls. Paris war neben London eines ihrer Hauptziele.

Der Bedarf der kunsthungrigen Amerikaner an Wandschmuck schien unersättlich, vor allem dekorative Motive wie Chagalls Märchenbilder von fliegenden Eseln und schwebenden Liebespaaren fanden uneingeschränkt die Gunst der kaufwütigen Touristen. Trotz des schönen Giacometti-Leuchters hatte meine Galerie immer noch die Strenge eines Notariats, und so beschloß ich, durch den Erwerb einiger qualitätvoller antiker Teppiche den Räumen mehr Wärme zu verschaffen.

Was verstand ich von antiken Teppichen? Nichts.

Aber ich kannte einen Händler syrischer Herkunft, der den Ruf hatte, auf seinem Gebiet ein Experte zu sein. Mir war er sympathisch, weil er sich, im Gegensatz zu den meisten seiner Kollegen, eindeutig für moderne Kunst interessierte.

Ich erzählte ihm von meinem Wunsch, zwei Teppiche zu erwerben, einen länglichen schmalen für einen Gang, der die beiden Haupträume in meiner Galerie miteinander verbinden sollte, und einen großen, fast quadratischen für den Saal, in dem der Giacometti-Leuchter hing. »No problem«, sagte mein kunstsinniger Teppichexperte in der damals in Mode geratenen gängigen Nachkriegssprache, »ich mag ihre Galerie, und ich werde sie verwöhnen.«

Am gleichen Tag, an dem er am Nachmittag mit zwei Teppichen vorbeikommen sollte, hatte ich in der Früh den Besuch eines älteren Ehepaares aus Kalifornien.

Unser Gespräch war, wie erwartet, stereotyp und lakonisch. »Bonjour.« – »Bonjour.« (Das war der französische Teil unserer Unterhaltung.)

Die Amerikaner: »Chagall?« – Ich: »Chagall? You want to see Chagall?« – »Yes, Chagall. Got any?« – »Many.« – »Let's see.«

Eine große Mappe wurde ausgebreitet, die zwanzig, vielleicht dreißig farbige Blätter aus dem Oeuvre von Chagall enthielt. Meine Amerikaner strahlten. Sie waren wie im siebten Himmel, im siebten Himmel von Chagall. Da war alles, was sie erhofft hatten, springende Pferdchen, bunte Blumensträuße, ein Maler vor seiner Staffelei (war es Chagall selber?) und ein pittoreskes russisches Dorf (Vitebsk?).

Meine Besucher wählten drei Lithos, zahlten dreißigtausend Franc, was damals ein hoher Preis war, und verließen beschwingt die Galerie. Ihr Wunsch war erfüllt, jetzt gehörten sie zu der internationalen Chagall-Gemeinde als stolze Besitzer von drei hand-signierten Arbeiten des Meisters. Ihre Reise hatte sich gelohnt.

Am Nachmittag, wie verabredet, kam mein Tep-pichhändler mit zwei schweren Rollen, die ein kräftig gebauter Geselle auf den Schultern trug. Sein Chef ordnete mit knappen Zeichen an, die Stücke im Gang und im großen Giacometti-Saal sorgsam auszubreiten.

Ich war sehr beeindruckt. Die Teppiche entspra-chen genau dem, was ich erhofft hatte. Sie strahlten Wärme und Vertrautheit aus, ihre Farbgebung war leuchtend und dennoch diskret, sie gehörten ganz ein-fach dahin, wo sie jetzt lagen. Eines war mir bewußt: Ich würde sie nie wieder hergeben.

»Ja«, sagte ich nach einer Weile, bemüht, meine Begeisterung zu dämpfen, »das sind wirklich schöne Teppiche.«

Der Händler rief aufgeregt zurück: »Schöne Teppi-che? Was meinen Sie damit? Das ist ja beinahe eine Beleidigung. Es sind die schönsten und seltensten Teppiche, die man sich vorstellen kann. Sie waren jah-relang in meinem Privatbesitz. Es sind islamische Knüpfteppiche aus Ispahan, von einer Reinheit, wie sie seit Jahrzehnten überhaupt nicht mehr auf den Markt gekommen sind. Und nur für Sie gebe ich sie her, nur für Sie.«

»Schon recht«, sagte ich, »das schätze ich auch sehr, aber wie ist der Preis?«

»Es geht nicht um den Preis«, rief der Teppich-händler wütend, »da können Sie ganz Persien und Mesopotamien durchwandern, solche Stücke finden Sie nirgends mehr. Allein schon die Knotenbordüren, wo finden Sie solche Knotenbordüren?«

Ich insistierte: »Und der Preis?«

Mit seiner Antwort wischte der Händler meine Frage wieder aus dem Gespräch: »Ich sagte Ihnen gerade, was für Raritäten diese beiden Arbeiten sind, pure Museumsstücke.«

Ich blieb beharrlich. »Ich verstehe was Sie meinen, aber ich sollte doch den Preis kennen, damit wir wissen, ob wir ins Geschäft kommen.«

Mein Teppichhändler gab sich erhaben. »Der Preis, der Preis! Darüber sollten wir unter Freunden nicht reden. Jedenfalls mache ich Ihnen einen Sonderpreis. Warum? Weil Sie in den Anfängen Ihrer Tätigkeit stecken – ich selbst bin schon über dreißig Jahre im Metier – und weil ich Sie gern habe und Sie unterstützen möchte. Es ist ein fester Sonderpreis, nur für Sie, für Sie allein, und dieser Preis« – er sah mich mit großer Strenge an – »ist dreißigtausend Franc für die zwei Teppiche.«

Eine Weile schwiegen wir beide, sein Gesichtsausdruck hatte weiter etwas Unerbittliches. Ich dachte an die Kalifornier vom Vormittag, die, lustige Koinzidenz, genau den gleichen Preis für die drei farbigen Blätter bezahlt hatten, die ich kurz zuvor für einen Bruchteil erworben hatte.

»D'accord«, sagte ich, »einverstanden. Dreißigtausend Franc.« Das Gesicht meines Teppichhändlers verfärbte sich. Als ob er sich plötzlich unwohl fühlte, sah er sich nach einem Stuhl um. Ich möchte nicht übertreiben, aber mir fiel auf, daß er zitterte. Ich spürte, daß ich ihm mit meinem Einverständnis, was den Preis betraf, jegliche Freude an unserer Transaktion genommen hatte. In seinen Augen war ich ein Spielverderber. »Laß uns doch handeln«, muß er gedacht haben, wie er da gekrümmt auf dem Stuhl saß. »Laß uns, jedenfalls moralisch, gegenseitig an die Gurgel gehen, laß uns schreien, laß uns bis zur Erschöpfung miteinander streiten. Laß mich dir« – in seiner Aufregung hätte er mich sicher geduzt – »einen letzten Preis machen: fünfundzwanzigtausend Franc.«

Aber den Gefallen tat ich ihm nicht, ich blieb unerbittlich. »Dreißigtausend«, sagte ich, »keinen Centime weniger.«

Die Augen meines Teppichhändlers, die zuvor immer wieder aufgeblitzt hatten, waren jetzt feucht und trübe, gebeugt lief er zu seinem Wagen und zischte den Gesellen an: »Fahr los!«

Als ich ihm am nächsten Vormittag die dreißigtausend Franc brachte, die ich ihm schuldete, sagte er kaum »Danke«. Der Verkauf war gemacht, aber unsere Teppich-Partie, der er gewiß mit Spannung und Vorfreude entgegengesehen hatte, war für ihn eindeutig verloren. Mir, dem bösen Spielverderber, war es gelungen, den vollen Preis, den er von Anfang an erhofft hatte, zu bezahlen.

DER DUZFREUND

Vor einigen Jahren starb Heini Thyssen. Dem Sammler mit dem zungenbrecherischen Namen Thyssen-Bornemisza, den ich schon aus früheren Jahren aus Paris kannte, begegnete ich 1980 in New York, als ich dabei war, eine Auswahl meiner Klee-Bilder zusammenzustellen, die ich dem Metropolitan Museum überlassen wollte.

Wir trafen uns bei gemeinsamen Freunden. Er habe, sagte Thyssen, von meinem Klee-Projekt mit dem Metropolitan gehört, vielleicht sei auch für ihn etwas dabei. Ob er möglicherweise vorbeikommen könne, Klee habe er immer geliebt.

Dann kam er. Ich hatte zwölf Aquarelle von Klee an der Längswand meines Hotelzimmers aufgestellt, wie bei der Vorbereitung einer Ausstellung. Eines der Blätter könne er sich gerne aussuchen, sagte ich. Er war wie ein Kind im Spielzeugladen. Gefallen würden ihm alle, meinte er mit leuchtenden Augen. Er nahm jedes einzelne Werk in die Hand, betrachtete es lange und stellte es sorgfältig wieder an die Wand. »Meine Wahl ist gefallen«, sagte er, wie erleichtert, und zeigte auf ein Landschaftsbild von 1921. »Und warum gerade dieses?« fragte ich, »weil es von 1921 ist. Das ist mein Geburtsjahr.«

Thyssen, wie ich ihn kannte, hatte etwas entwaffnend Naives. Erbe eines Wirtschaftsimperiums, war er weder durchtrieben noch überschlau, weder hochmütig noch arrogant. Er hatte, um den amerikanischen Ausdruck zu gebrauchen, den Ruf eines *Woma-*

nizer. War er das wirklich? Und warum eigentlich? Weil er vor ein paar Jahren zum fünften Mal geheiratet hatte? Ich glaube, zu Anfang waren alle seine Ehen romantische Entscheidungen, ohne Kalkül. Er war kein Casanova, kein Ladykiller, keiner, der sich partout von einer Eroberung in die nächste stürzte. Seine Beziehungen zu den Frauen seines Lebens waren von Stimmungen und Reminiszenzen bestimmt, von über das Tägliche hinweggehenden Leidenschaften wie zu den Bildern, die er sammelte.

Als ich noch Kunsthändler in Paris war, vermittelte ich ihm ein bedeutendes, kubistisches Gemälde aus dem Besitz meines Freundes Douglas Cooper, des großen englischen Sammlers und Freundes von Picasso. Wir trafen uns in Genf, um Details der recht komplexen Transaktion zu besprechen. Thyssen war glänzender Laune, eigentlich so wie ich ihn vorher und auch später nie erlebt habe. Die Erklärung dieser wunderbaren Stimmung kam kurze Zeit danach – jedenfalls war sie unserer Besprechung im besten Sinne zuträglich. Es war ein heiterer, warmer Frühlingsvormittag, wir saßen auf der Terrasse des Hotels Richmond, und plötzlich sagte Thyssen: »So ein schöner Tag, kommen Sie doch mit nach Lugano« – damals residierte er noch im Tessin, Madrid war in weiter Ferne – »und verbringen Sie das Wochenende bei mir. Mein Flugzeug wartet auf uns.«

Ein sympathischer Vorschlag. Aber ich hatte zwei Einwände. Ich brauchte das Einverständnis meiner Frau – wir waren auf Ferien in Gstaad, zwei Autostunden von Genf entfernt – und außerdem hatte ich nicht einmal eine Zahnbürste bei mir. »Das ist alles kein Problem«, sagte der Baron, »Zahnbürsten haben wir immer für unsere Hausgäste, sogar Pyjamas in allen Größen. Was Ihre Frau betrifft, so will ich gerne mit ihr sprechen und ihr Zugeständnis erbitten, Sie für ein Wochenende in die Südschweiz zu entführen.«

Das alles klappte, und wir brachen auf zum Flugfeld. »Wir müssen noch einen kleinen Umweg machen«, sagte Thyssen, »um eine junge Dame abzuholen, die mit uns kommen wird.«

Eine junge Dame? Die Reise wurde spannend. Auf der Fahrt im Wagen erzählte mir der frisch geschiedene Heini Thyssen, daß es sich um eine reizende, bildhübsche frühere spanische Schönheitskönigin handle (Shawne Fielding, lesen Sie mit?), die er kürzlich kennengelernt hatte.

Die Ex-Miss España war elegant, lebendig, schön anzuschauen, temperamentvoll, eigentlich wie man sich sehr rasch eine potenzielle Kandidatin auf dem Standesamt vorstellen konnte. Thyssen strahlte.

Wir hatten einen herrlichen Flug – Sonne, stahlblauer Himmel, leuchtend schneeweiße Berge. Die schönste Postkartenlandschaft. Auf diesem kurzen Flug wurde mir bewußt, wie streng gefügt und trotzig geballt sich dieses kleine Land, das Schweiz heißt, in Europas Mitte profiliert.

Thyssens großartige Sammlung kannte ich von früheren Besuchen. Seit meiner letzten Visite waren eine Reihe moderner Werke hinzugekommen, darunter ein frühes, farbkräftiges Bild von Chagall, das ich ein paar Jahre zuvor zur Sammlung beigetragen hatte. Was würde nun mit dieser großartigen Sammlung geschehen? Thyssen wollte eine Stiftung einrichten, er dachte an Deutschland, er dachte an England, auch an Amerika und auch an die Schweiz, doch in allen Fällen schien es unendliche Schwierigkeiten zu geben, diese Pläne zu realisieren. Von Spanien wurde damals noch nicht gesprochen, und niemand, denke ich, ahnte bei dem prächtigen Nachtmahl, bei dem wir zusammensaßen, daß die energische junge Dame, die jetzt neben dem Hausherrn saß, mit dem ihr eigenen Ehrgeiz Dinge in Bewegung setzen würde, die sehr rasch in Richtung Madrid zeigten.

Mich hatte man in einem komfortablen Gästehaus untergebracht, das etwa dreihundert Meter oberhalb des Hauptgebäudes lag. Das köstliche, intensiv berieselte Mahl war längst beendet, es war nach Mitternacht, und ich war dabei, mich zu verabschieden. Thyssen bestand darauf, mich zu begleiten. »Es ist stockdunkel draußen«, sagte er, »und gefährlich. Überall stehen Wachen, Bodyguards mit Schußwaffen« – ich glaubte ihm kein Wort – »natürlich nicht meinetwegen, aber wegen der Sammlung, und da ist es besser, wenn Sie nicht allein laufen.«

Wir gingen schweigend, er leicht schwankend, aber das konnte man im Dunkeln nicht so sehen, bis wir zu dem Haus kamen, in dem ich untergebracht war. Da blieb er vor mir stehen, packte mich bei den Schultern und sagte: »Mein lieber Heini, ich bin so glücklich, weil wir Namensvettern sind, ich heiße Heinz so wie du« – ja, jetzt duzte er mich sogar – »schade, daß wir kein Glas Wein dabei haben, jetzt sollten wir Brüderschaft trinken.« Damit umarmte er mich, drückte mich fest an seine Brust und küßte mich *à la française* auf beide Wangen. »Schlaf gut, mein lieber Heini, und träume wilde, süße Träume.« Und schon war er im Dunkeln verschwunden.

Am nächsten Morgen kam ich, wie verabredet, zum Frühstück in die Villa Favorita. Der Gesichtsausdruck des Barons war düster. Hatte er schlecht geschlafen? War der Rotwein am Vorabend zu großzügig geflossen? Jedenfalls begrüßte er mich mit einem knappen Händedruck und einem kurzen, eher strengen »Guten Morgen, Herr Berggruen.« Keine Umarmung – wir waren nicht länger Vettern.

PARIS BAR

Pizzerien, Frisiersalons, Brillenläden und Bestattungs-
unternehmen gibt es in Berlin wie Sand in Usedom.
Die Paris Bar gibt es nur ein einziges Mal. Was das
Café de Flore für Paris, was Harry's Bar für Venedig
bedeutet, das ist die Paris Bar für Berlin. Tagtäglich
geöffnet, vor allem und besonders nachts. Mit zwei-
sprachig gedruckten Speisekarten, mit französisch
weiß-beschürzten Kellnern, mit Bildern an den Wänden, die wie eine Vorschau sind zum Hamburger
Bahnhof.

Nicht alle Berlin Besucher landen in Tegel oder in
Tempelhof. Aber alle landen auf der Kantstraße in der
Paris Bar. Für eine Reihe prominenter Berliner ist die
P. B. ein zweites Zuhause. Zum Beispiel für einen, der
stets beharrlich am Tresen lehnt und wie der Schau-
spieler Otto Sander aussieht. Es *ist* Otto Sander.

Das Wahrzeichen Berlins? Der Gendarmenmarkt?
Das Brandenburger Tor? Der Pergamon Altar? Nofre-
tete im Ägyptischen Museum? Die vielen törichten
Bären, die überall herumstehen? Nein, Michel und
Reinalds wache, wilde, rund um die Uhr summende,
schimmernde, tosende Paris Bar.

DIE ZWEI KASTANIEN

Vor meinem Fenster im Berliner Westen gegenüber
dem Charlottenburger Schloß blühten zwei Kastanien, eine rote und eine weiße. Die Blätter waren
zum Greifen nahe. In der Mittagssonne strahlte die
weiße in vollem Glanz, die rote zeigte sich verhalte-
ner. Wie kamen sie miteinander aus? Gab es Eifer-
suchtsszenen? Fand die eine sich schöner als die andere?

Jetzt ist es Herbst, die Äste sind kahl, die dürren
Zweige entblättert. Meine Kastanien stehen schmuck-
los im herben Berliner Wind. Sie warten, stumm und
voller Ergebenheit. Sie warten auf den kommenden
Frühling, wenn sie von neuem ihre prächtigen Kleider
tragen dürfen, strahlend weiß die eine, die andere ver-
halten rot.

EIGENTLICH

Eigentlich wollte ich heute den ganzen Tag zuhause bleiben, um nach zehn oder zwölf Jahren wieder einmal den »Zauberberg« zu lesen. Ob sich das eigentlich noch lohnt?

Ich kenne Leute, die sagen: »Ich habe eigentlich nichts gegen die Juden, aber ...« Den Rest des Satzes möchte ich eigentlich nicht hören.

Eigentlich sollte ich meinen Schneider gar nicht erwähnen. Er kommt weder aus Budapest noch aus Mailand. Auch nicht aus London, sondern schlicht aus Halle an der Saale. Mein Zahnarzt kommt aus Düsseldorf, aber das ist eigentlich auch nicht erwähnenswert.

Fahrräder gehören eigentlich, soweit nicht besondere Fahrradwege bestehen, auf den Fahrdamm, während die Trottoirs seit eh und je eigentlich den Fußgängern vorbehalten sind. In Berlin ist das anders. Vielleicht nicht nur in Berlin. Velofahrer radeln in immer größerer Geschwindigkeit, hemmungslos und unbekümmert, kreuz und quer in beiden Richtungen die Fußgängerwege entlang und werden zu einer ständig wachsenden Gefahr für verängstigte Passanten. Eigentlich unakzeptabel.

Die deutschen Universitäten hatten früher einen hervorragenden Ruf in der Welt. Den haben sie jetzt eigentlich gar nicht mehr. Schade.

Wie kann man eigentlich erklären, daß seit Jahren deutsche Filme kaum noch bei den Filmfestspielen in Cannes gezeigt werden? Ist das eigentlich Sabotage oder liegt das mehr daran, daß die Filme, die hierzulande gemacht werden, den Erwartungen der internationalen Jurys nicht entsprechen? Das sollte man eigentlich einmal prüfen.

Eigentlich wäre es vielleicht ganz schön, das Berliner Schloß wieder aufzubauen. Aber wie? Und was denken Sie eigentlich?

Joschka Fischer, der rabaukige Achtundsechziger, und Joseph Fischer, der Bundesvizekanzler und Außenminister im Zweireiher, sollen eigentlich die gleiche Person sein. Möglich, aber ganz sicher sind sich da eigentlich nicht alle.

Wieso gibt es eigentlich nur in Deutschland Kampfhunde, und wieso liest man immer wieder, daß Menschen, vor allem Kinder, trotz Maulkorbvorschrift von gräßlichen Kampfkötern angegriffen und oft schwer verletzt werden? Eigentlich ein schlimmer Zustand.

Siebenundzwanzig Stunden »Faust« komplett ist eigentlich eine Zumutung. Manche sind so begeistert, daß sie sich diese dramatisch-dramaturgische Folter von Peter Stein zwei- bis dreimal angetan haben. Eigentlich erstaunlich.

Das geplante Mahnmal neben dem Brandenburger Tor in Berlin ist eigentlich nicht unbedingt das, was man sich vorgestellt hat. Wenn es fertig ist, wird es noch viele Diskussionen geben.

Vor fast hundert Jahren schuf Picasso mit seinem Freund Braque den Kubismus in der Malerei. Eigentlich erstaunlich, daß die meisten Menschen, die in die Museen gehen, mit dieser großartigen Bewegung eigentlich noch immer nichts anfangen können.

Marcel Reich-Ranicki ist eigentlich der größte Literaturkritiker in Deutschland. Würde man ihn fragen, was er meint, wäre seine Antwort ganz sicher: »Ja, das stimmt« (ohne eigentlich).

Ich finde, ich habe jetzt eigentlich schon genug erwähnt, meinen Sie nicht auch?

Eigentlich langt's.

UND JETZT DAS WETTER

Wenn es hagelt und stürmt, sprechen die Italiener von *tempo brutto*, die Franzosen von *temps de chien*, die Anglosachsen von *ghastly weather* und die Deutschen in der Götz von Berlichingen-Sprache von *Scheißwetter*. Das Wetter als Gesprächsthema hat, und zwar global, etwas geradezu konstantes – ein meteorologisches Esperanto. Wenn einem nichts anderes einfällt, und leider passiert das eher unselten, ist das Wetter immer gut für kleine, triviale Kommentare. Es macht die Unterhaltung leichtfüßig und unaggressiv.

»Wie waren die Ferien?« – »Wir hatten herrliches Wetter.« Oder: »Was werdet Ihr am Wochenende machen?« »Kommt auf das Wetter an.«

Das Thema »Wetter« dient in bequemer Weise als Mittel, die Beziehungen zwischen den Menschen unverbindlich und neutral zu halten. Gespräche über Schmierkonten, Kampfhunde, Steuerentlastungen kommen und gehen, aber die Beschäftigung mit dem Wetter ist beharrlich wie der Gesprächsgegenstand selbst. Man kennt das alte Lied: *post nubila phoebus,* nach Regen kommt Sonnenschein …

Die einzigen, die das Wetter überhaupt nicht interessiert und die nie, nie und nimmer über das Wetter reden, sind die Kinder. Den Kindern ist es völlig egal, ob es regnet oder schneit, sie wollen nur ihren Spaß haben und den haben sie bei jedem Wetter.

Möchten Sie noch mehr zum Wetter hören? Wahrscheinlich nicht, es gibt ergiebigere Themen. *Have a nice day.*

»NON«

Vor einiger Zeit fand anläßlich des vierzigsten Jahrestages der deutsch-französischen Freundschaft und der feierlichen Einweihung der neuen französischen Botschaft in Deutschland ein Festessen beim Bundespräsidenten im Schloß Bellevue in Berlin statt. Am Ehrentisch saßen neben dem Bundespräsidenten, dem Präsidenten der Französischen Republik, dem Bundeskanzler sowie den nicht mehr ganz jugendlichen Söhnen von Charles de Gaulle und Konrad Adenauer, die charmante Sängerin aus dem Elsaß Patricia Kaas sowie der weltbekannte Sänger und Komponist Charles Aznavour.

Ich weiß nicht, ob Aznavour bei dieser Gelegenheit sehr gesprächig war. Ich weiß nur, daß ich vor etwa zwanzig oder fünfunzwanzig Jahren einmal mit der Concorde von Paris nach New York geflogen bin und das – vermeintliche – Glück hatte, neben dem berühmten französischen Sänger aus Armenien zu sitzen.

Der Normalflug über den Atlantik dauert, wie man weiß, je nach den klimatischen Bedingungen, zwischen sechs und sieben Stunden, die Concorde schaffte es in weniger als der Hälfte. Das bedeutete aber immer noch drei volle Stunden in der Luft, man saß in den Zwei-Personen-Reihen der Concorde eher etwas eng, und wenn man die Chance hatte, den Flug neben jemandem zu verbringen, mit dem sich ein guter Kontakt ergibt, war man schon recht froh. Drei Stunden können eher lang sein.

Ich saß also neben Aznavour. Um eine Unterhaltung in Gang zu bringen, fragte ich artig: »Monsieur Aznavour, gehen Sie auf eine Tournee in Amerika?«

»Wie bitte?«

»Ich fragte, ob Sie auf eine Tournee in den Staaten gehen?«

»Non.«

Lange Pause. Ich nochmals: »Vielleicht besuchen Sie Freunde oder Menschen aus Ihrer Familie?«

»Non.«

Monsieur Aznavour war so eindeutig abrupt, daß ich aufgab. Mein prominenter Flugnachbar hatte einfach keine Lust, sich mit mir auf ein Gespräch einzulassen. Wir schwiegen also beide, wir schwiegen praktisch drei Stunden. Während des Fluges zog er sich seine Schuhe aus, was ich verstehen konnte. Kurz vor unserer Ankunft drehte er sich plötzlich zu mir um. »Haben Sie zufällig einen Schuhlöffel dabei?«

Ich sah ihn einen langen Moment an und sagte: »Non.«

AGNELLI, KLEE UND DIE KUWEITI

Agnelli, der große Wirtschaftskapitän, Agnelli der Womanizer, Agnelli der fanatische Fußballfan – das alles ist bekannt. Von seiner Beziehung zur Kunst der klassischen Moderne weiß man sehr viel weniger. Der charismatische Avvocato liebte moderne Bilder: das war sein *jardin secret*, sein geheimer Garten.

Als Kunsthändler in Paris und später in New York hatte ich in regelmäßigen Abständen das Privileg, ihm zu begegnen und gelegentlich auch einen Beitrag zu seiner bemerkenswerten Sammlung zu leisten. Er liebte die Frauenakte von Modigliani, er liebte die leisen Stilleben von Morandi, er liebte die farbsatten sinnlichen Gemälde von Matisse aus den vierziger Jahren. Von mir erwarb er unter anderm ein bedeutendes Gemälde des großen Futuristen Gino Severini aus der Epoche vor dem Ersten Weltkrieg.

»Und Klee«, fragte ich einmal, »ist er Ihnen zu deutsch?«

»Im Gegenteil«, antwortete er »ich liebe Klee, er ist einer meiner Favoriten. Die Moderne wäre so viel ärmer ohne Klee. Kommen Sie manchmal nach St. Moritz? Da habe ich eine kleine Gruppe von Klees in unserem Châlet. Es sind exquisite Bilder, sie gehören, wie gesagt, zu meinen Favoriten.« Als ich im kommenden Winter im Engadin war, rief ich ihn an. Er wußte sofort, worum es ging. »Sie möchten die Klees sehen«, sagte er, »das ist schön. Kommen Sie morgen abend nach neun, ich habe vorher offizielle Gäste zum Abendessen, aber das ist nicht interessant für Sie.

Ich selbst werde froh sein, unter irgend einem Vorwand mit Ihnen zu verschwinden.«

Kurz nach neun war ich im Châlet. Das Essen schien beendet zu sein, Agnelli stellte mich seinen Gästen vor, zwei kleinen schnurrbärtigen Männern in dunklen Kleidern. Der Avvocato entschuldigte sich und ging mit mir in den Nebenraum, in dem die Klees hingen. Die Tür zum Eßzimmer blieb offen. Er erklärte mir, die beiden Gäste seien Minister aus Kuweit, er hätte einen schwierigen und komplizierten Abend mit ihnen verbracht und jetzt könnte er mit mir in die Zauberwelt von Klee abtauchen.

An den Wänden im Klee-Zimmer hingen vier oder fünf mittelgroße Bilder aus der Zeit, die ich in Klees Werk am meisten schätze, nämlich aus den zwanziger Jahren, als er am Bauhaus tätig war. Klee, der sanfte Verführer: Agnelli spürte, wie sehr ich von den Bildern beeindruckt war. Ich fragte, ob ich das eine oder andere abhängen dürfe, um es ganz aus der Nähe zu betrachten und auch die Rückseite zu studieren, die oft bei Klee interessante Hinweise enthielt.

»Natürlich«, sagte Agnelli, »Sie sind hier zu Hause.«

Ich nahm behutsam eines der Bilder von der Wand. In der gleichen Sekunde setzte ein ohrenbetäubendes Tosen ein, wie bei einem Bombenangriff. Sollte das friedliche St. Moritz in die Luft gesprengt werden? War dies das Ende der heilen Schweiz? Sollten die Besucher umgebracht werden? Wir sahen, wie die kleinen Herren aus Kuweit fluchtartig unter den Eßtisch krochen, Europa gab ihnen neue schlimme Rätsel auf.

Agnelli und ich sahen uns an, beide leicht bestürzt. »Bitte verzeihen Sie mir«, stotterte ich, »ich wußte ja nicht …« Aber er unterbrach mich, während das apokalyptische Kreischen und Heulen weiter tobte.

»Sie brauchen sich nicht zu entschuldigen«, sagte Agnelli, »das ist alles meine Schuld, ich hatte einfach vergessen, den Alarm bei den Bildern abzustellen.«

Es heulte und kreischte immer weiter, wie ein Ewigkeitsschrei, und dann war es plötzlich still, totenstill. Die Kuweiti krochen verwirrt aus ihrem Versteck, leichenblaß, Haare zerzaust, Kleider verknautscht. Ihr Gastgeber versuchte, nicht unbedingt erfolgreich, ihnen zu erklären, was passiert war.

Wenige Minuten später schon erschienen zwei brave Schweizer Polizisten – wollten sie etwa die Männer aus der Ferne verhaften? Sie kontrollierten, sachlich und höflich, daß alles in bester Ordnung war. Winterliche friedfertige Stille hüllte das aus dem Schlaf gerissene Engadiner Dorf von neuem ein. Die schnurrbärtigen Kuweiti waren in Sicherheit. Zwei Jahre später begann der erste Golfkrieg.

Paul Klee, *Der Bauchredner*

GESCHICHTE EINES MORALISTEN

Im Jahre 1931 – ich war noch auf der Schule (Unterprima) – erschien der erste Roman von Erich Kästner, er hieß »Fabian, die Geschichte eines Moralisten«. Es war vielleicht eine der schwächeren Arbeiten des Dichters, der als Lyriker sehr geschätzt wurde. Mich hat das Buch damals beeindruckt. Kurz nach der Veröffentlichung schrieb Heinrich Mann an den Autor von seiner »Ergriffenheit« bei der Lektüre. Mir ging es ähnlich, auch ich war von dem Geist, der diesen Roman beseelte, ergriffen.

Eine Zeitschrift, die »Der Bücherwurm« hieß, publizierte zur gleichen Zeit (1931) eine Sondernummer unter dem Titel »Der Lyrik eine Bresche«. In einem Beitrag (»Stimmen junger Menschen«) schrieb ich, der Siebzehnjährige, über die Begeisterung der Jugend für Erich Kästner. »Begeisterung für einen Rilke oder George«, schrieb ich, »ist in der heutigen Jugend kaum noch zu finden. Begeisterung für Erich Kästner schon.«

Der Schluß des Romans »Fabian« ist mir über Jahre im Gedächtnis geblieben. Fabian ging über eine Brücke, als er sah, wie ein Junge vom Geländer in den Fluß stürzte. Da zog Fabian seine Jacke aus und sprang ins Wasser, um ihn zu retten. Kästner schreibt: »Der kleine Junge schwamm heulend ans Ufer. Fabian ertrank. Er konnte leider nicht schwimmen.«

Als der Krieg zu Ende war, beschloß das US-Außenministerium, eine illustrierte Wochenzeitschrift in München herauszubringen, mit der Absicht, durch dieses Magazin einen Beitrag zur Entnazifizierung – ein scheußliches Wort für einen guten Zweck – zu leisten. Frisch aus der amerikanischen Armee entlassen, wurde ich beauftragt, bei dieser Zeitschrift mitzuarbeiten. Das war eine spannende und ehrenvolle Aufgabe. Zu meiner Überraschung erfuhr ich, daß einer der Redakteure, die zu uns kamen, kein anderer war als der von mir geschätzte Autor von »Fabian«. Kästner war ein stiller sanfter Herr mit besten Manieren, unaufdringlich und bescheiden. Wir haben viele interessante Gespräche geführt. Wir redeten über »innere Emigration«, über das zwiespältige Dasein eines verbotenen Schriftstellers, der bei der Verbrennung seiner eigenen Bücher in Berlin durch die neuen Herrscher dabeigewesen war. In den langen bitteren Jahren des totalen Schreibverbots war er bemüht, nicht immer erfolgreich, sich durch diverse schriftstellerische Aktivitäten wie Herstellung von Drehbüchern und ähnlichem, über Wasser zu halten, natürlich immer unter Pseudonym.

Wir sprachen natürlich über die Zukunft. Wie konnte man einem moralisch und wirtschaftlich ruinierten Land wieder Normalität verschaffen? Kästner war einfühlsam und bedächtig, und jede Unterhaltung mit ihm war für mich eine Bereicherung.

Zu Weihnachten 1946, zwischen Krieg und Frieden, wie Kästner vermerkte, schenkte er mir einen seiner Gedichtbände, der gerade im Rowohlt Verlag in Stuttgart herausgekommen war: »Bei Durchsicht meiner Bücher ....« In seiner klaren unprätentiösen Handschrift setzte er mir eine Widmung auf das Vorsatzblatt:

Weihnachten 1946

Ein guter Mensch zu sein, gilt hierzulande
als Dummheit, wenn nicht gar als Schande.
Lieber Berggruen!
Frohes Fest wünscht Ihnen
Ihr Erich Kästner

In den frühen dreißiger Jahren, als sich die Haßwolken immer mehr verdichteten und Worte wie Leichtigkeit und Humor jeden Sinn verloren hatten, empfand ich es wie ein erfrischendes Bad, in die beschwingte lyrische Heiterkeit des Dichters aus Dresden einzutauchen. In der deutschen Literatur wird immer nach Tiefgang gesucht, und wenn ein Poet, wie eben der liebenswürdige, weise Kästner, die Wahl trifft, sich auf leichteren Bahnen zu bewegen, ohne allerdings ins kabarettistische zu versinken, dann ist das sogleich suspekt. Erich Kästner als Leichtgewicht? Großer Irrtum, aber das schwere und gelegentlich schwerfällige Pathos, das hierzulande als hohes Zeichen literarischer Qualität betrachtet wird, lag Kästner nicht.

Aus gutem Grund ist Charme kein deutsches Wort. Erich Kästner hatte viel davon. Sein Charme wärmte mein Herz, als ich die ersten Verse von ihm las. Und das ist heute noch so.

DEUTSCHLAND, HEINE UND
THOMAS MANN

Im Berliner Rundfunk, in den frühen dreißiger Jahren, gab es eine Jugendsendung, in der regelmäßig zweimal in der Woche Bücher für junge Menschen vorgestellt wurden. Bei diesen Buchbesprechungen durfte ich mitmachen, und das erfüllte mich mit Stolz. Ich war achtzehn oder neunzehn Jahre alt, und es war meine erste wenn auch recht bescheidene öffentliche Tätigkeit.

Eines der Bücher, das ich rezensieren sollte, hieß »Wir durchstreifen Bulgarien«, verfaßt von einem mir unbekannten Autor, der Hans Huffzky hieß. Ich war begeistert von diesem Reisebericht, er war so lebendig, keine mit banalen Adjektiven angereicherte Aufzählung verschiedenster Orte, die dem Leser als romantisch oder kulturell wertvoll vermittelt werden sollten. Drei Tage später bekam ich einen Anruf aus Dresden, vom Verfasser des Buches, der mir dankte und schrieb, wir sollten uns kennenlernen, er käme demnächst nach Berlin.

So lernte ich Huffzky kennen. Es war meine erste Begegnung mit jemandem, der Bücher schrieb, und das fand ich aufregend. Es war mein Einstieg in eine Welt, die mich faszinierte, so wie andere junge Menschen vom Theater träumen oder vom Ballett.

Huffzky und ich wurden enge Freunde, aber wir mußten uns trennen und trafen uns erst viele Jahre später wieder. Hitler war dazwischengekommen, ich durfte auch keine Jugendbücher mehr besprechen.

1936 wanderte ich nach Kalifornien aus. Die Presse berichtet immer wieder, ich sei geflohen oder die Nazis hätten mich verjagt. Beides stimmt nicht, ich ging aus freien Stücken, allerdings war es, wie sich später zeigte, keine unkluge Entscheidung. Als ich also, wie gesagt, Berlin verließ und ins ferne Ausland reiste, war ich erfüllt von Lyrik: Rainer Maria Rilke und Hugo von Hofmannsthal, Georg Trakl und Gottfried Benn, weniger Stefan George. Bald jedoch spürte ich, daß die deutschen Dichter im pragmatischen Amerika, das nun meine zweite Heimat werden sollte, keinen großen Stellenwert hatten.

Meine zweite Heimat wurde Amerika nicht, obgleich ich mich sehr um Integration bemühte. Ich versuchte, mich in der amerikanischen Literatur zurecht zu finden; ich befaßte mich mit John Steinbeck (*Die Früchte des Zorns*), mit William Saroyan und Norman Mailer, aber auch mit deutscher Exilliteratur. Dann kam der Krieg, und als Soldat der amerikanischen Armee kehrte ich nach Europa zurück.

Nach Ende des Krieges blieb ich in München, als Mitherausgeber einer Wochenschrift, die wir *Heute* nannten. In ihrer Herstellung folgte sie dem Vorbild der berühmten amerikanischen Revue *Life* und hatte zur Hauptaufgabe, die Deutschen zu »entnazifizieren«, wie es damals hieß. Ich schrieb regelmäßig eine Glosse – im Rowohlt-Verlag wurde eine Auswahl davon unter dem Titel *Angekreidet* veröffentlicht. Das war Anfang 1947, damit eine der ersten Publikationen der Nachkriegszeit. (Inzwischen ist dieses Buch, mit leichten Veränderungen, unter dem Titel *Abendstunden in Demokratie* neu herausgebracht worden.)

Ich näherte mich wieder der deutschen Literatur und zwar der klassischen. Angeregt von Marcel

Reich-Ranicki und vor allem später von Klaus Harpprechts Mammutwerk über Thomas Mann, las ich von neuem die *Buddenbrooks*, die ich als Gymnasiast geradezu verschlungen hatte. Ich ging, offen gesagt, zögernd an die Lektüre. Veraltet? Verstaubt? Nichts davon. Taufrisch, perlend wie eine Mozart-Oper, ein einziger Genuß. Wie kann ein junger Mensch – Thomas Mann war fünfundzwanzig Jahre alt, als er die *Buddenbrooks* vollendete – die Lebensweisheit, die Reife haben, ein so großartiges Werk zu schaffen? Thomas Mann war in der Tat der »Zauberer«, wie man ihn in der Familie nannte. Nach meiner Auffassung war er eindeutig *der* große Dichter des zwanzigsten Jahrhunderts.

So viel Schreckliches, so viel Beschämendes war in Deutschland geschehen, als Thomas Mann ins Exil gehen mußte, daß ich mich zu jener Zeit oft und verzweifelt fragte: Was ist das für ein Land? Ist es das Land Thomas Manns oder ist es das Adolf Hitlers und seiner braunen »Bataillone«? Kann man, ohne tiefe Sorge, damit zurecht kommen, daß immer wieder Horden von Rechtsextremisten in der ihnen eigenen Roheit und Brutalität Unruhe und Zerstörung verursachen?

Allerdings ist es kein geringer Trost, daß, anders als am Ende der von Friedrich Ebert repräsentierten Republik, die große Mehrheit der Deutschen – und vor allem das gebildete Bürgertum – eindeutig in der demokratischen Tradition verankert ist, die in der Märzrevolution von 1848 und im Weimarer Humanismus ihre Wurzeln hat.

Dennoch: Das berühmte Zitat aus den *Nachtgedanken* von Heine, das mit den Worten »Denk ich an Deutschland in der Nacht ...« beginnt, macht mir mehr zu schaffen, als ich lange annahm. Ich wünschte, ich könnte dieses Zitat verdrängen. Ich wünschte, voller Freude in diesem Land leben zu können, das Heinrich Heine einst um den Schlaf gebracht hat. Deutschland, scheint mir, ist ein komplexes Thema, und das deutet Heine in sehr subtiler Weise an.

DREI ZEICHNUNGEN VON
DIEGO RIVERA

In den frühen siebziger Jahren des vergangenen Jahrhunderts kam eines Morgens ein mir unbekannter junger Mann in meine Galerie in Paris. Er sei aus Frankfurt, befasse sich seit kurzem – »berufsmäßig«, wie er sagte – mit Bildern und hätte vielleicht etwas, das mich interessieren könnte: drei Kohlezeichnungen des großen mexikanischen Freskenmalers Diego Rivera. In Deutschland, erzählte er, interessiere sich kein Mensch für Rivera, sein Name sei praktisch unbekannt, und man hätte ihm geraten, zu mir nach Paris zu fahren, vielleicht könnte ich ihm die Arbeiten abkaufen. Er hätte gerade ein größeres Graphikkonvolut erworben, darunter vor allem Radierungen von Emil Orlik und dann noch diese drei Kohlezeichnungen des Mexikaners.

Der junge Herr aus Frankfurt war recht nervös und unruhig, die Fahrt im Nachtzug hätte ihn sehr ermüdet, und jetzt wüßte er nicht, ob es wirklich sinnvoll gewesen wäre, eine so lange Reise für ein paar Zeichnungen zu unternehmen, die mich vielleicht gar nicht interessierten.

Ob er eine Preisvorstellung hätte, fragte ich. Nein, die hätte er nicht. Ich schlug ihm vor, am Nachmittag wiederzukommen, ich würde nachdenken.

Die Zeichnungen gefielen mir. Sie waren typisch für den intensiven, kräftigen Duktus von Rivera, den ich recht gut aus Kalifornien kannte. Gegen Ende des Tages kam der junge Herr aus Frankfurt wieder. Er schien noch müder als in der Früh. »Ich war den ganzen Tag im Louvre. Es war herrlich. Eine großartige Welt, von der ich nichts wußte. Schon deshalb hat es sich gelohnt, nach Paris zu kommen. Aber jetzt bin ich ganz erschöpft und muß dringend zurückfahren.«

Auf meinen Schreibtisch hatte ich sorgfältig nebeneinander zwei Häufchen gelegt, eines mit den drei Zeichnungen und daneben einen mit zehn französischen Hundertfrankenscheinen. Ob er seiner Quelle, die Besitzerverhältnisse betreffend, sicher sei, fragte ich meinen Besucher. (Zu damaliger Zeit sprach man noch nicht von Beutekunst und unrechtmäßig erworbenem jüdischem Eigentum.) »Es gibt keine Zweifel, was die Provenienz betrifft«, sagte der Verkäufer und fuhr fort, auf die beiden Häufchen starrend: »Und was haben Sie jetzt entschieden?«

»Die Entscheidung liegt bei Ihnen«, antwortete ich, »Sie nehmen die tausend Franken oder Sie nehmen die Blätter zurück. Ich glaube, das ist ein faires Angebot.«

Der junge Herr zögerte keine Sekunde. Er steckte, sich herzlich bedankend, die tausend Franken ein und verließ die Galerie.

Jüngsthin, um dieses schöne Wort von Heinrich von Kleist zu gebrauchen, bin ich meinem Frankfurter Besucher wieder begegnet. Er hätte in den dreißig Jahren, in denen ich ihn nicht gesehen hatte, einen erfolgreichen Kunsthandel aufgebaut. »Sie wissen nicht«, sagte er, »wie aufregend es für mich war, Ihnen damals die drei Zeichnungen zu verkaufen. Es hat mir den Rücken gestärkt. Man setzt sich in den Fernzug, fährt nach Paris und macht ein Geschäft wie ein Profi. Und als Bonus kommt noch der Louvre dazu, welch ein Erlebnis.«

Wir schwiegen beide. Nach einer Weile sagte er: »Und noch etwas möchte ich bemerken: Ich bin den ganzen Weg von Ihrer Galerie zum Ostbahnhof gelaufen, nein: *gerannt*. Ich hatte die Vorstellung, Sie liefen mir hinterher und schrien: ›Geben Sie mir das Geld zurück, es war alles nur ein Spiel, hier sind Ihre Zeichnungen.‹ Erst als ich im Zug saß und die Räder rollen hörte, habe ich aufgeatmet. Und dann dachte ich: Jetzt bist du möglicherweise ein internationaler Kunsthändler – der Anfang ist jedenfalls gemacht.«

Diego Rivera, *Farmarbeiter*

»PICASSOS BILDER –
ZIEMLICH SCHLAMPIG GEMALT!«

Vor einigen Jahren wurde meine Sammlung der Klassischen Moderne – Klee, Matisse und vor allem Picasso – zum ersten Male im westlichen Stülerbau gegenüber dem Charlottenburger Schloß ausgestellt. Ein Besucherbuch wurde eingerichtet – wie es in den Museen üblich ist. Ich war skeptisch. Ich erwartete Seiten voller Gemeinplätze und unlesbarer Signaturen, in anderen Worten: nichts.

Es kam anders. Ich hatte unterschätzt, in welchem Maße sehr viele Besucher das Bedürfnis hatten, ihrer Meinung Ausdruck zu verleihen. Jetzt, Anfang 2003, sind wir schon beim vierzehnten Besucherbuch angekommen. Das Ganze nimmt für mich fast die Form von Meyers Konversationslexikon an.

Von den gefürchteten Trivialeintragungen (»Ich war hier!« – »Ich auch!«) gibt es jede Menge und von den unlesbaren Signaturen auch. Aber darüber hinaus enthält das Besucherbuch auch viel Interessantes und viel Originelles. Viel Begeisterung, aber natürlich auch Kritik.

Begeisterung wiegt nach dem Besuch der Sammlung eindeutig vor. Einschätzungen wie *supertoll, atemberaubend, hinreißend, großartig, aufregend* ziehen sich über alle Seiten. Spannend wird es, wenn sich der zumeist anonyme Besucher mit einzelnen Aspekten auseinander setzt.

Am häufigsten befassen sich die Kommentare mit Picasso. Das erscheint logisch, denn mehr als die Hälfte der Sammlung – über achtzig Ölbilder, Aquarelle und Zeichnungen – besteht aus Werken des Spaniers. »Jetzt weiß ich«, schreibt ein Besucher aus Passau, »daß Picasso nie vergessen werden wird.«. Von einem Schüler aus einer anderen süddeutschen Stadt liest man: »Heute ist der erste Tag, daß ich Picasso wirklich mag.« Und ein Gymnasiast aus Hof in Bayern kommentiert: »Ein weiterer Tag in meinem ereignisreichen Leben, geprägt durch Picasso.« Auf die Anmerkung eines Besuchers: »Picasso ist echt toll! Er muß jedoch krank im Kopf gewesen sein. Klee noch kränker«, antwortet ein anderer: »Dies kann ich überhaupt nicht nachempfinden. Im Gegenteil, Picasso und Klee haben mich tief beeindruckt.«

Bei aller Begeisterung der weitaus meisten Besucher kommen manche anscheinend mit Picasso nicht zurecht. Auch solche Beispiele sind zu finden: »Mein Gott, Picasso finde ich gar nicht gut«, oder »Picassos Bilder, ziemlich schlampig gemalt!« oder »Werke eines Absinthabhängigen – ätzend«. Differenzierter im Ausdruck (und auch naiver) ist die Frage: »Warum hat Picasso Frauen immer so verzerrt gemalt? Weil er den verzerrten Charakter der Frauen erkannt hat …«

Zu Matisse schreibt ein Besucher: »Besonders die Matisse-Bilder vermitteln ein absolutes Glücksgefühl«, und ein anderer kommentiert zu Klee: »Zuerst Pflicht, dann Überraschung, danach Freude, bei Klee eine ans Wunderbare grenzende Ruhe.«

Für die Sammlung und ihre Präsentation im Stülerbau gibt es viele »Blumen«. Ein Besucher aus Kanada schreibt zum Beispiel: »Ich war total begeistert. Die Sammlung ist spektakulär!« Ein Besucher aus Genua schreibt: »*Probably my favorite museum in Berlin!*« Ein dritter kommentiert: »Ein Museum der Poesie der

Bilder. Ihr Museum ist so schön, daß man es gar nicht weiter empfehlen will, damit man seine Schätze ganz ungestört betrachten kann.« Ähnlich, wenn auch weniger egoistisch, schreibt ein Besucher: »Einfach wundervoll, sollte immer hier bleiben. Die Bilder – die Rahmen – alles stimmt. Liebevolle Poesie steht über allem. Danke!« Prägnant nennt einer die Sammlung »Balsam für die Seele« und ein anderer resümiert seinen Eindruck mit den Worten: »Ein Stück zu Hause in Berlin.«

Skizze von Pablo Picasso, *merci Berggruen*

PICASSOS MINOTAUROMACHIE

Die Radierung *Minotauromachie* von Pablo Picasso, die wohl bedeutendste graphische Arbeit in meiner Sammlung in Charlottenburg, ist das großartige geätzte Gegenstück zu dem zwei Jahre später – 1937 – geschaffenen Jahrhundertbild *Guernica*, das in Madrid hängt. (In einer Planungszeichnung zur Neuen Nationalgalerie, die Mies van der Rohe 1949 als sein letztes bedeutendes Vermächtnis in Berlin baute, klebte Mies eine großformatige Photographie von *Guernica* auf die Hauptwand des Gebäudes, das er schuf – ein Wunschtraum!)

Mit dem Thema des Minotaurus war Picasso sein ganzes Leben beschäftigt, es war ein aufwühlendes Sujet, das in der *Minotauromachie* seine dramatisch intensive Gestaltung fand. Picasso selber sagte: »Wenn man auf einer Landkarte alle Wege aufzeichnen würde, die ich gegangen bin, und wenn man sie durch einen Strich verbinden täte, dann gäbe es vielleicht einen Minotaurus.«

Die *Minotauromachie* hat eine Unzahl von Kunsthistorikern zu einer Unzahl von Interpretationen angeregt. Das mythische Monstrum des Minotaurus, der Zentralfigur des großen Blattes, ist in ein symbolträchtiges Gewebe verflochten, das Menschen immer wieder anregt, in die Welt Picassos tiefer einzudringen. Wer ist der ernsten Ausdrucks sich umblickende bärtige Mann, der die Leiter emporklimmt? Wer sind die beiden jungen Frauen, die von einer Balustrade das aufregende Spektakel vor ihnen betrachten? Wer

ist das zarte kleine Mädchen mit der flammenden Kerze in der Hand? Was bedeutet der anscheinend sterbende weibliche Torero auf dem Rücken des sich im Todeskrampf aufbäumenden Pferdes? Und vor allem: Was sind die Intentionen des gewaltigen Stiermenschen, der unheildrohend in diese Szene einbricht?

Eine hypnotische Kraft geht von der *Minotauromachie* aus. Bei der Betrachtung dieser ungewöhnlichen Radierung wird an alle Sinne appelliert, Elemente erotischen Lebensgefühls und dumpfer Todesstimmung sind souverän miteinander verknüpft – man denkt an das symphonische fin-de-siècle Werk von Gustav Mahler.

Wird man mir verzeihen, wenn ich erwähne, daß für mich der Reiz des Blattes, das in meiner Sammlung hängt, noch gesteigert wird, weil Picasso gerade diese Arbeit gewählt hat, um sie mit einer herzlichen Widmung an mich – *Pour mon ami Berggruen* – zu versehen? Wie auch immer: Mit der *Minotauromachie* hat Picasso uns allen ein großartiges Geschenk gemacht.

SCHELTE VON MATISSE

Im Gegensatz zu Picasso war Matisse ein eher zurückhaltender, wenn auch in seiner Art strenger Geschäftsmann. Picasso, der, nach bescheidenster materieller Jugend, als Zweiundneunzigjähriger Multimillionär von uns ging, machte seine Geschäfte im allgemeinen aus dem Bauch. Matisse, in geregelten bürgerlichen Verhältnissen aufgewachsen, tätigte seine finanziellen Transaktionen aus dem Kopf.

Bei Picasso war alles vorstellbar. Wenn er jemanden gern hatte, konnte er ihm, großzügig, wie er zumeist war, eine Arbeit spontan als Geschenk überlassen, aber das Gegenteil konnte auch passieren. Wenn er einen Menschen nicht mochte, war er imstande, gewissermaßen aus Jux einen reinen Phantasiepreis zu nennen, und wenn der Betreffende, zum Beispiel ein neureicher Texaner, diesen überhöhten Phantasiepreis akzeptierte, freute er sich diebisch. Picasso war ein Kobold.

Matisse, der große Hedonist, den man wegen der Wärme und Sinnlichkeit und der Farbintensität seiner Bilder liebte, von den frühesten Porträts und Landschaften bis zu den späten, von Glut durchströmten Papierschnitten, war ein besonnener, kühl kalkulierender *homme d'affaires*, wie es sich für einen ziemt, der aus dem kühlen Norden Frankreichs stammt. (Ein Hedonist war er dennoch.)

Als Kunsthändler in Paris hatte ich in den letzten Lebensjahren des Künstlers immer wieder Gelegenheit, Arbeiten von ihm zu erwerben. Matisse war seinerzeit sein eigener Händler. Es war seine Entscheidung, ständig die Kontrolle zu behalten, was die Werke betraf, über die er verfügte. Als er noch am Montparnasse in Paris lebte, verständigten wir uns immer durch eine Absprache, die in seiner geräumigen großbürgerlichen Wohnung stattfand. Geschenke waren nicht zu erwarten, und von *marchandage*, also »Handeln«, konnte keine Rede sein. Aber er war von vorbildlicher Fairneß und Korrektheit.

Als Matisse später mehr Zeit im Süden verbrachte, beschränkte sich seinerseits unser Geschäftsverkehr, wenn ich diesen in der Kunstwelt eher kantigen Ausdruck verwenden darf, auf sachlich-kühle, mit der Maschine geschriebene Briefe, die, was ihre Form betraf, auch von einer Versicherungsgesellschaft konzipiert sein könnten. Nur die Namenssignatur war von Hand, wie ein Anflug menschlichen Gefühls. Der Inhalt war immer präzise und von großer kartesischer Klarheit. Mal ging es um farbige Aquatinta-Drucke, die ich übernehmen und bei denen wir uns über den Verkaufspreis verständigen sollten; mal ging es um Zahlungen in seinem Auftrag an die Kapelle von Vence. Es ging aber auch – eine großzügige Anregung des Künstlers – darum, daß ich bei dem Meisterdrucker Fernand Mourlot die Originalvorlagen für die Plakate, die gerade bei Mourlot fertiggestellt wurden, abholen könnte, falls ich sie für meine geplante Ausstellung der Scherenschnitte von Matisse in meiner Galerie Anfang der fünfziger Jahre verwenden wollte.

Andererseits bekam ich auch Schelte. »Ich bedaure«, schrieb mir Matisse in einem Brief vom 7. März 1953 aus Nizza, »daß Sie nicht die Zeit gefunden haben, mir vor der Drucklegung Ihres Katalogs und der Einladung Andrucke zu schicken. Ich finde, daß das Gelb des Umschlags und der Einleitung zu hohl (*creux*) ist und ohne Vibrationen.«

So streng konnte Matisse sein. Alle seine Briefe endeten mit der konventionellen Höflichkeitsformel: »*Cher Monsieur, je vous prie de bien vouloir accepter l'expression de mes sentiments distingués.*« (»Ich bitte Sie, verehrter Herr, den Ausdruck meiner aufrichtigen Hochachtung in Empfang zu nehmen.«)

Wie auch immer: Ich habe Matisse viel zu verdanken.

Henri Matisse, *Ein Paar*

HERZOG PABLO

Anläßlich eines Besuches bei seinem Freund, dem exuberanten britischen Sammler und Kunsthistoriker Douglas Cooper, im Jahre 1958 hörte Picasso von der Möglichkeit, das unterhalb von Aix-en-Provence gelegene Schloß Vauvenargues zu erwerben. Picasso war siebenundsiebzig Jahre alt und der Eigentümer einer Reihe von Wohnsitzen, aber das hinderte ihn nicht, sich für die Anschaffung des mächtigen Schlosses zu interessieren. Er hatte sein ganzes Leben hindurch die Gewohnheit, geradezu die Sucht, verschiedenste Domizile zu sammeln, so wie andere Picassos sammeln.

Vauvenargues, wie Picasso rasch erfuhr, lag unmittelbar am Fuß der Montagne Sainte Victoire, des Berges, den Cézanne durch seine großartigen Darstellungen berühmt gemacht hatte. Ein enger Nachbar von Cézanne zu werden, hatte für Picasso einen besonderen Reiz. Er verehrte Cézanne wie keinen anderen Künstler. Für ihn war Cézanne »der Vater von uns allen«, er sah in ihm den Künstler, der die Tore des zwanzigsten Jahrhundert öffnete und der ihn, wie kein anderer, in seinem eigenen Schaffen inspirierte. Die Vorstellung, in der Zukunft unmittelbar im Cézanneland arbeiten zu können, empfand er als aufregende Perspektive.

Er erwarb Vauvenargues und in seiner Freude – der große Picasso hatte auch etwas bestechend Kindliches – rief er aufgeregt seinen Händler in Paris an, den aus Mannheim stammenden Kahnweiler, um ihm stolz von seinem Erwerb zu berichten. Die enge Verbindung, die Picasso zu Kahnweiler seit Jahrzehnten hatte – sie kannten sich seit über fünfzig Jahren – war eine sehr formelle, geradezu strenge Beziehung, in jeder Hinsicht ungewöhnlich bei Picasso. Nach all den Jahren intensiver Zusammenarbeit, seit dem Durchbruch des Kubismus 1907 mit dem Paukenschlag des sagenhaften Gemäldes der Demoiselles d'Avignon, das im New Yorker Museum of Modern Art hängt, bestand zwischen ihnen eine ungewöhnliche Symbiose von nordischer Kälte und südlicher Spontaneität, sie siezten sich ihr Leben lang. Für mich war Kahnweiler, bei all seinen beachtlichen Verdiensten der trockene *comptable du cubisme*, der Buchhalter des Kubismus. Entspannt hat man ihn nie angetroffen.

Picasso rief also Kahnweiler an und sagte ihm triumphierend: »Ich habe gerade Cézannes Sainte Victoire erworben.« Kahnweiler, ganz der strenge deutsche Kunstgelehrte, entgegnete: »Wie interessant, ich gratuliere! Welche Fassung des wunderbaren Gemäldes haben Sie denn erwerben können?« (Man muß wissen, daß es mehr als zwanzig Versionen der berühmten Landschaft Sainte Victoire gibt.) Picasso erwiderte: »Ich habe überhaupt keine Fassung des Gemäldes gekauft, Monsieur Kahnweiler, sondern die wirkliche Sainte Victoire, die Landschaft selbst, die Erde, den Boden, auf dem Cézanne die Sainte Victoire gemalt hat.« Und Kahnweiler, verdutzt und wie immer humorlos, sagte enttäuscht: »Also kein Gemälde, wie schade! Ich gratuliere dennoch, *cher* Picasso.«

Was Picasso Kahnweiler *nicht* erzählte, war, daß er durch den Kauf des Schlosses möglicherweise nun auch zu einem Adelstitel gekommen war, von dem er allerdings nie Gebrauch machen würde. Vielleicht könnte er sich jetzt Herzog von Vauvenargues nennen, jedenfalls erzählte er das allen Freunden – der geniale Picasso war immer ein Schelm.

Seine Mutter, die von früh auf sein Genie erkannt hatte, sagte einmal, wenn er ein Mönch geworden wäre, würde er als Papst enden, hätte er sich als Soldat verdingt, würde er sehr bald den Stab eines Feldmarschalls erhalten, und als Maler wäre er bestimmt Picasso geworden. Und das geschah dann auch: Picasso wurde Picasso. Konnte sich seine Mutter vorstellen, daß ihr kleiner Pablo einmal ein Herzog sein würde?

Die anfängliche Begeisterung Picassos für das düstere Schloß auf den Anlagen der Sainte Victoire war mit den Jahren verflossen. Die Besuche des neuen Schloßherrn wurden immer seltener und kürzer. Picasso fühlte sich wohler in der vertrauten Atmosphäre von Mougins oberhalb von Cannes. Jedoch bestattet wurde er, seinem Wunsch entsprechend, auf den hehren Anlagen von Vauvenargues, in der Erde dessen, dem er sich am nächsten fühlte: Paul Cézanne.

MEINE WOHNGEMEINSCHAFT

In den fünfziger Jahren kam eines Tages, unerwartet und unangemeldet – wichtige Leute melden sich nie an – ein schon damals höchst prominentes, finanzstarkes Mitglied der New Yorker Gesellschaft in meine Pariser Galerie: die aus Ungarn stammende amerikanische Kosmetik-Königin Estée Lauder. Mrs. Lauders Impressionisten-Sammlung war berühmt für ihre besondere Qualität.

Eine so bedeutende Sammlerin zu empfangen, war für mich, ich war in meinen Anfängen als Kunsthändler, eine große Ehre. Nachdem sich meine distinguierte Besucherin umgesehen hatte, fragte sie mich mit einer deutlichen Spur von Herablassung: *»Do you live above your store?«* (»Wohnen Sie über Ihrem Laden?«). »Nein«, antwortete ich, leicht verstört. Ich wollte kein *storekeeper* sein, der über seinem Laden haust.

Ich habe Mrs. Lauder seit Jahren nicht mehr gesehen. Wenn sie jetzt in Berlin bei uns vorbeikäme, würde die Antwort auf ihre Frage, ob ich über unsern Bildern wohne, positiv sein, keineswegs irritiert. Meine Frau und ich wohnen tatsächlich über meinem »Laden«, einem Laden allerdings, in dem außer Katalogen, Plakaten und Postkarten nichts verkauft wird. Zu meiner Überraschung fragen aber viele Besucher, wie einst Estée Lauder in New York: »Stimmt es, daß Sie über Ihrer Sammlung ›buchstäblich‹ zu Hause sind?«

Es stimmt. Tatsächlich hat man uns im oberen Stockwerk des schönen, klassizistischen Stülerbaus, gegenüber dem Charlottenburger Schloß, eine kleine Wohnung eingerichtet, eine Art »pied-à-terre«, wie die Franzosen sagen würden, mit unmittelbarem Zugang zu der Sammlung.

»Schmerzt es nicht«, werde ich auch oft gefragt, »über einer Sammlung zu wohnen, die einst Ihr Besitz war? In der Rede, die Sie hielten, als Sie Weihnachten 2000 – der Bundeskanzler drückte sie an seine Brust – Ihre Bilder der Kulturstiftung des Bundes übergaben, sagten Sie: ›Bei Vergil heißt es: *Lacrimae sunt rerum*. Alle Dinge haben ihre Tränen.‹ Weinen Sie oft?«

Nein, ich weine nie. Ich bin bald neunzig und werde irgendwann ade sagen. Aber meine Sammlung wird bleiben. Sie wird überdauern, und das ist das Wichtigste. Es ist eine Freude, mehr noch, eine Beglückung, jeden Tag, morgens und abends, aber auch untertags den Bildern und Skulpturen, die mir einst gehörten, »Guten Tag« zu sagen. Ich füge gern hinzu, daß wir uns auf die friedlichste Weise getrennt haben, ohne jeglichen Streit. Und wir verstehen uns weiter gut, wir leben in einer harmonischen Wohngemeinschaft.

Auf der Etage unseres Zuhauses sind die Klees und die Giacomettis untergebracht. Mit den Klees komme ich wunderbar aus. Wenn ich nach dem Frühstück bei ihnen vorbeikomme, grüßen mich die Bilder des Berner Magiers in zurückhaltender, stiller und gleichzeitig ironischer Weise, als wenn sie sagen wollten: Nehmen Sie die Dinge gelassen, lassen Sie sich nicht verwirren und verärgern, vor allem nicht von Picasso.

Mit Giacometti ist es schon etwas anders. Der Schöpfer dieser großartigen Skulpturen war ein Einzelgänger, und das sind auch die Skulpturen. Jede Figur ist isoliert und erträgt nur mit Mühe die Gegenwart der anderen. Die Gestalten auf dem leeren Platz laufen aneinander vorbei, ohne sich nur eines Blickes zu würdigen. Die Katze will nur eines: von allem wegrennen. Aufregend wird es auf der Hauptetage des Museums bei den Picassos. Kaum ist man bei den Bildern des Spaniers angelangt, geht ein intensives, oft beglückendes, oft heftiges Streitgespräch los. Es ist nicht immer gut Kirschen essen mit Picasso. Seine Gestalten sind, wie sie sind, fast immer provozierend und von großer Ungeduld. Oft sind sie lärmig und bedrohend. Kann man sich mit ihnen einlassen? Manchmal nur mit Mühe. Wie soll man mit Verzerrungen, Übertreibungen, mit dem ganzen Vokabular des Kubismus zurechtkommen? Wie folgt man sinnvoll Picassos Pirouetten? Wie akzeptiert man den Minotaurus, den man immer wieder antrifft? Dann aber wieder begegnet man den Ruhe ausstrahlenden, in der Klassik der Renaissance verhafteten Stilleben, den der reichen mediterranen Welt verbundenen Landschaften und den Portraits, die Ingres sagen, aber auch Raffael.

Im Erdgeschoß angelangt, begegne ich Henri Matisse, dem großen Gegenspieler von Picasso. Die Farbenfreudigkeit, die satte Sinneslust der Formen, alles ist von souveräner Ausgewogenheit. Picasso läßt mich nicht los, Matisse vermittelt mir ein genuines Glücksgefühl. Alles strahlt das aus, was Matisse *Luxe, calme et volupté* (Luxus, Ruhe und Wohlgefühl) nennt.

Ja, liebe Mrs. Lauder, ich wohne über meinem Laden, einem Laden, von dem man nur träumen kann, so reich und vielseitig ist er. Jedesmal, wenn ich aus der Wohnung kommend, durch die Sammlung gehe, empfinde ich tiefe Dankbarkeit. So soll es weitergehen. Ich liebe meinen Laden. Die Mitglieder meiner Wohngemeinschaft könnten nicht angenehmer sein.

© Marc Vanappelghem

HEINZ BERGGRUEN, 1914 geboren, emigrierte 1936 nach Kalifornien, 1947 ließ er sich in Paris nieder. Seit 1996 lebt er wieder in Berlin, inmitten seiner Sammlung *Picasso und seine Zeit* im Stülerbau, gegenüber dem Charlottenburger Schloß.
Einige der hier gesammelten Betrachtungen wurden zuerst in der Frankfurter Allgemeinen Zeitung veröffentlicht.
Im *SVLTO* erschien bereits *Monsieur Picasso und Herr Schaften* (zweite Auflage).

Rotes SVLTO – Kopfschüttler statt Blumen

Heinz Berggruen
Monsieur Picasso und Herr Schaften
Erinnerungsstücke des großen Berliner Kunstsammlers und -mäzens, Geschichten und Gedanken über moderne Kunst und altmodische Dinge.

»Ein Buch, das, ebenso wie ein Museumsbesuch, die Möglichkeit bietet, für ein paar Stunden in eine vergangene Welt einzutauchen, ohne daß der Autor die Gegenwart aus dem Blick verlieren würde. Selbst über den Wagenbach-Verlag weiß Berggruen eine Anekdote zu berichten.«

Katrin Wittneven, Der Tagesspiegel

SVLTO. Rotes Leinen. Fadengeheftet. 80 Seiten mit vielen Abbildungen

Leonardo Sciascia
Das Verschwinden des Ettore Majorana
Erinnerungsstücke
Sciascias berühmtestes Buch: die Geschichte eines großen Physikers, der noch vor Heisenberg die Kernspaltung entdeckte und beschloß, die Welt vor seiner Genialität zu bewahren.

»Auf der Welt existieren Wissenschaftler verschiedener Kategorien. Personen zweiten und dritten Ranges oder ersten Ranges.
Aber dann gibt es noch Genies wie Galilei und Newton. Ettore Majorana war eben ein solches Genie.« Enrico Fermi
Aus dem Italienischen von Ruth Wright und Ingeborg Brandt

SVLTO. Rotes Leinen. Fadengeheftet. 96 Seiten mit vielen Abbildungen

Elsa Morante
Eine frivole Geschichte über die Anmut
und andere Erzählungen
Erstmals auf deutsch: Elsa Morantes frühe Erzählungen.

»Die drei Schriftsteller, die mich beeindruckt haben, durch ihr Werk gleichermaßen wie durch ihre Person, sind Giuseppe Ungaretti, Giorgio Manganelli und Elsa Morante.« Ingeborg Bachmann
Aus dem Italienischen von Maja Pflug. Deutsche Erstausgabe

SVLTO. Rotes Leinen. Fadengeheftet. 144 Seiten

Javier Cercas
Der Mieter
Roman
Der Universitätsdozent Mario Rota muß feststellen, wie schnell sich die
Dinge wenden können und wie gefährlich Joggen ist.
Javier Cercas erweist sich hier mit seiner närrischen Geschichte über
Mieter und Nachbarn als Meister des Kurzromans.
»Der Autor macht uns die unwahrscheinlichsten Dinge glaubhaft, als ge-
hörten sie zum normalen Alltag. Das ist Literatur .«

Javier Calvo, El País

Aus dem Spanischen von Willi Zurbrüggen
SVLTO. Rotes Leinen. Fadengeheftet. 112 Seiten

Wüst ist auch schön!
Französische Liebesgeschichten
Franzosen gelten als galante und geistreiche Liebhaber. Als Geschichten-
erzähler erweisen sie sich auch als scharfsinnige und kenntnisreiche Voy-
eure.
»Heiße Storys für laue Sommernächte – von Autoren geschrieben, die es
hierzulande noch zu entdecken gilt.«   Freundin
Zusammengestellt von Lutger Jorissen
SVLTO. Rotes Leinen. Fadengeheftet. 128 Seiten

Nach Italien!
Anleitung für eine glückliche Reise
»Eine intelligent zusammengestellte Anthologie, die auf zwanglose
Weise das Belehrende eines Reiseführers mit dem Unterhaltenden der
Glosse und der literarischen Skizze verbindet – so erscheint Italien in ei-
ner erstaunlichen Anzahl von Facetten.«   Neue Zürcher Zeitung
Herausgegeben von Klaus Wagenbach
SVLTO. Rotes Leinen. Fadengeheftet. 144 Seiten mit Abbildungen

Günter Grass
Wörter auf Abruf
77 Gedichte
Die schönsten Gedichte von Günter Grass.
Eine kenntnisreiche Auswahl.
»Das Gedicht ist immer noch das genaueste Instrument, mich neu ken-
nenzulernen.«   Günter Grass
Ausgewählt und mit einem Vorwort von Klaus Wagenbach
SVLTO. Rotes Leinen. Fadengeheftet. 96 Seiten

John Berger
Das Leben der Bilder oder die Kunst des Sehens
Der sachkundige Gesprächspartner für den kunstinteressierten Flaneur:
Ratschläge zum Betrachten von Bildern.
Aus dem Englischen von Stephen Tree
SVLTO. Rotes Leinen. Fadengeheftet. 132 Seiten mit Abbildungen

John Berger
Das Kunstwerk
Über das Lesen von Bildern
Acht Kunstkurse des englischen Kunstkritikers über das vergleichende
Sehen, die Augen des Malers und die Einsamkeit des Betrachters.
Aus dem Englischen von Kyra Stromberg
SVLTO. Rotes Leinen. Fadengeheftet. 96 Seiten mit Abbildungen

Peter Burke
Die Renaissance
Die Kultur der Renaissance in Europa, vom dreizehnten bis ins sieb-
zehnte Jahrhundert. Ein einführender, leicht verständlicher Überblick
des englischen Historikers.
»Ein Buch für jeden Toskana- und Bildungshungrigen.«   FAZ
Aus dem Englischen von Robin Cackett
SVLTO. Rotes Leinen. Fadengeheftet. 128 Seiten mit Abbildungen

Georges Duby
Kunst und Gesellschaft im Mittelalter
Das letzte Buch des berühmten Mediävisten: ein reichbebilderter Über-
blick über das Jahrtausend zwischen dem Untergang Roms und der
Renaissance.
»Georges Duby, der größte Mediävist der zweiten Hälfte unseres Jahr-
hunderts.«   Jacques Le Goff
Übertragen von Horst Günther
SVLTO. Rotes Leinen. Fadengeheftet. 144 Seiten mit Abbildungen

Wenn Sie mehr über den Verlag und seine Bücher wissen möchten,
schreiben Sie uns eine Postkarte (mit Anschrift und ggf. e-mail). Wir
verschicken immer im Herbst die *Zwiebel*, unseren Westentaschenalm-
anach mit Gesamtverzeichnis, Lesetexten aus unseren Büchern, Photos
und Nachrichten aus dem Verlagskontor. Kostenlos!

Verlag Klaus Wagenbach, Emser Straße 40/41, 10719 Berlin
www.wagenbach.de

Spielverderber, nicht alle erschien als 120. *SVLTO* im August 2003

© 2003 Verlag Klaus Wagenbach, Emser Straße 40/41, 10719 Berlin
Umschlag und Satz: Birgit Thiel. Umschlagphoto: Helmut Newton.
Gesetzt aus der Bembo. Bucheinbandstoffe von Ernstmeier, Herford.
Gedruckt auf chlor- und säurefreiem Papier und gebunden von Clausen
& Bosse, Leck. Printed in Germany. Alle Rechte vorbehalten.
SVLTO ist patentgeschützt.
ISBN 3 8031 1219 2